税理士・会計士のための

基礎から
よくわかる
国際課税

川田 剛 著

ぎょうせい

はじめに

　本書は、月刊『税理』に数年にわたって質疑応答の形で掲載してきた国際税務について基礎的な部分に関する諸問題を本の形にまとめたものです。

　取りまとめにあたってはその後における税制改正等も踏まえ、所要の訂正等を行っていますが、基本部分については当初の目的である初心者にもわかりやすいものにするという基本方針は維持させたつもりです。

　最近のG20サミット宣言にも見られるように多国籍企業による国際的な租税回避行為は、大きな政治問題にもなってきています。

　そこで、OECDのみではなく、中国、インド、ロシア等も含めたところで、国際的な租税回避への対応が議論されています。「税源浸食と利益移転」いわゆる「BEPS（Base Erosion and Profit Shiftingの略）」に関する議論です。

　そこでは、本書で取り上げられているテーマのほとんどが議論の対象となっています。

　例えば、移転価格税制、外国子会社合算税制（いわゆるタックス・ヘイブン対策税制）、過少資本税制、過大支払利子税制などです。

　しかも、それらのうちのいくつかについて、参加国の政府に対し早急に対応等を講じるよう求めているものもあります。

　このような要請に応え、わが国でも、例えば所得計算における総合主義から帰属主義への変更と支店所得の計算におけるOECD承認アプローチ（AOA原則）の採用、出国税制度の導入、ハイブリッド・ミスマッチへの対応などいくつかの措置が講じられています。

　また、まだ具体的な対応措置は講じられてはいませんが、BEPSア

クションプラン12では、租税回避（そこではタックス・プランニングと称されています）対策として、各国政府に向けて、租税回避商品等の取扱業者等（作成、販売、購入等）に対し、政府に報告を義務付けるようにとの勧告がなされています。

さらに、富裕な個人が海外の銀行等に脱税資産等を移すことによる運用益についても申告漏れとなっている事例が明らかになったことから、OECD租税委員会では、2018年末までに、自動的情報支援を開始するよう求めています。

このような動きに対応し、クライアントの相談に応じていくためにも国際税務に関する知識は不可欠となってきています。

本書はそのような問題意識をもとに作られたものです。

著者の力量の問題もあり、当初の目的をどの程度達成できているのかわかりませんが、本書が若干なりともお役に立つことができれば幸いです。

平成27年10月吉日
川田　　剛

【本書の構成】

　筆者は長い間、主に大学院で社会人相手に租税法及び国際課税の授業と演習を担当してきました。受講者の中には実務経験を十年余積んだ者がいる一方で、全くの未経験者もかなりの数にのぼっていました。特に国際課税については、未経験の割合が高くなっています。

　その折、本書の原型となった国際課税の初学者に向けた質疑応答形式の連載の依頼を月刊『税理』編集部から受けました。

　そのねらいは、筆者が常日頃考えているところと軌を一にするものであったため、喜んでお引き受けすることとした次第です。

　本書では、その内容を最新動向も含めてバージョン・アップし、すっきりと国際課税の全体像がわかるようにしたものです。

　具体的には、ゼミナールで国際課税を学ぶ大学生や大学院生の質問に対して先生が答えていく形で進めていきます。

　連載時よりも少しだけストーリー仕立てにしつつ、できるだけ平易な表現で書いていきます。

　ただ、場合によってはわかりにくい点などが出てくるかもしれません。こうした点などはコメント等の形で示しています。

【登場人物】

川田剛教授（かわだ・ごう）

世界中を飛び回り、国際課税を知り尽くしたエキスパート。「国際課税の理解には、まずは国内法を押える！」が口ぐせの1つ。だが、普段は意外にも猫好きであるなど、ちょっぴりお茶目な面もある。

鷹野ゆめは（たかの・ゆめは）

川田ゼミで国際課税を学ぶ大学2年生。「最近話題の国際課税って何だろう？」という素直な疑問から川田ゼミに所属した。将来の夢は、海外進出を考える中小企業をサポートできる税理士。

速水健人（はやみ・けんと）

ゆめはと同じく川田ゼミに所属する大学2年生。帰国子女。名前の由来は「外国人にも"ケント"ならすぐ伝わる」という会計士の母親の想いから。将来の夢は世界的な会計事務所に所属して活躍すること。

雨宮　悠（あまみや・ゆう）

川田ゼミの卒業生の大学院2年生。国際課税分野の研究活動にいそしむ傍ら、時間を見つけては川田ゼミのアシスタントをしている。夢は川田教授を超える国際課税の専門家になること。

イラスト／深川直美

【目　　次】

はじめに／i
本書の構成／iii

第1章　国際課税の基礎知識
Lesson 1　国際課税を学ぶにあたって／2
Lesson 2　居住者、非居住者／7
Lesson 3　内国法人と外国法人／11
Lesson 4　国際的二重課税の排除／13
Lesson 5　国内源泉所得／17
Lesson 6　恒久的施設／21
Lesson 7　諸外国の国際課税方式等／26
Lesson 8　課税権の配分／30
Lesson 9　総合主義と帰属主義／34
　コラム①　国際課税を「難しい」と考えてしまう原因は何か／40

第2章　国際的な二重課税の排除
Lesson 10　二重課税の排除方法／42
Lesson 11　外国税額控除制度／45
Lesson 12　外国子会社配当益金不算入制度／52
　コラム②　二重課税の排除をめぐるあれこれ／58

第3章　租税条約
Lesson 13　租税条約／60
Lesson 14　国際間の税務協力(1)～情報交換／68

Lesson 15　国際間の税務協力(2)～税務行政執行共助条約／74
Lesson 16　国際間の税務協力(3)～多国間協定／78
　コラム③　租税条約の拡大／80

第4章　国際的租税回避の防止措置

Lesson 17　国外送金等調書制度／82
Lesson 18　国外財産調書制度／85
Lesson 19　出国税（国外転出時の資産所得課税の特例）／89
Lesson 20　税源浸食と利益移転（BEPS）行動計画／94
Lesson 21　移転価格税制／98
Lesson 22　過少資本税制／114
Lesson 23　過大支払利子税制／118
Lesson 24　外国子会社合算税制／122
Lesson 25　コーポレート・インバージョン対策税制／135
　コラム④　経済取引のグローバル化／144

第5章　その他の国際関連税制

Lesson 26　外貨建取引の換算等／146
Lesson 27　海外勤務等に伴う課税問題／153
　コラム⑤　もし海外転勤になったら／160

第6章　国際相続・贈与

Lesson 28　国際相続・贈与(1)／162
Lesson 29　国際相続・贈与(2)／167
Lesson 30　国際相続・贈与(3)／173
　コラム⑥　国を越えた相続・贈与!?／176

第7章　そこが知りたい！国際課税の疑問点（Q＆A）

Q1　「住所」、「居住」の概念／178
Q2　従業員の海外派遣と居住者、非居住者の区分／178
Q3　在留届／179
Q4　出国と準確定申告、納付／180
Q5　帰国者に係る年末調整／180
Q6　帰属主義の下における恒久的施設帰属所得の計算／181
Q7　恒久的施設に係る取引の文書化／182
Q8　高率負担部分の取扱い／183
Q9　控除可能外国法人税／184
Q10　地方税の控除限度額の計算／185
Q11　国外所得間での損益通算の可否／185
Q12　外国税額控除の適用時期／186
Q13　みなし外国税額控除における「差額スペアリング方式」と「固定スペアリング方式」の差／187
Q14　外国税額の一部についてのみ損金算入の可否／188
Q15　相手国で損金算入が認められている配当のわが国での取扱い／188
Q16　適格居住者／189
Q17　BEPSにおける濫用防止策／191
Q18　最適法の選定における留意点／192
Q19　現地で更正を受けた場合／193
Q20　TNMM法及びPS法における共通費用の按分／194
Q21　事前確認の有効期間／195
Q22　事前確認に適合させるための申告調整／195
Q23　中間に介在する子会社で合算課税された場合の調整／196
Q24　特定外国子会社等に欠損金がある場合の内国法人との損益通

算可否／197
Q25　合算所得に係る二重課税の排除／198
Q26　特定課税対象金額の意義／199
Q27　資産性所得の取扱い／201
Q28　適用除外を受けるための要件／202
Q29　コーポレート・インバージョンが生じる場合／202
Q30　特殊関係株主等／204
Q31　主要国における過少資本規制状況／205
Q32　外貨建資産等の期末換算方法／206
Q33　期末換算時の為替相場のイメージ／207
Q34　外貨建取引の発生から確定申告までのイメージ／208
Q35　各事業年度に配分すべき予約差額の金額と配分すべき事業年
　　度のイメージ／209
Q36　海外勤務中に死亡した者に日本から支払われる死亡退職金
　　／210
Q37　相続税・贈与税における国際的二重課税の排除／211
Q38　みなし譲渡所得税に係る外国税額控除／211
Q39　国外財産の延納・物納／212

凡　例

〔関係条文〕に引用する法令等については、次の略称を使用しています。

通則法	国税通則法
徴収法	国税徴収法
所法	所得税法
法法	法人税法
相法	相続税法
措法	租税特別措置法
消法	消費税法
地法	地方税法
〜令	〜施行令
〜規	〜施行規則
条	1、2、3
項	①、②、③
号	一、二、三
所基通	所得税基本通達
法基通	法人税基本通達
相基通	相続税法基本通達
評基通	財産評価基本通達
措通	租税特別措置法関係通達
消基通	消費税法基本通達

〔表記例〕

　　法法22③一……法人税法第22条第3項第1号
　（注）平成27年10月1日現在の法令によります。同日以降に施行されるものについては、例えば「新法法22③一」（平成28年4月1日より施行のものなど）と記載しています。

第1章
国際課税の基礎知識

国際課税を学ぶにあたって

1 国際租税と国内租税の違い

ゆめは 先生、これから国際租税（課税）の勉強をしたいと考えているのですが、そのための基本的な心構えについて教えてください。

川田教授 国際租税（課税）といっても、その大部分は所得税法や法人税法、相続税法などといった国内法で規定されています。

その意味でいえば、基本的には通常の税法を学ぶのと同じです。ただ、国際課税の勉強をする場合には所得税や法人税だけでなく相続税や贈与税、さらには消費税についても併せて勉強していくことが必要となってきます。

ゆめは なるほど。でも、国内法と異なる点はないのでしょうか？

川田教授 強いて国内法と異なる点を挙げるとすれば、次の点です。国内租税の分野なら、それぞれの国は課税主権（いわゆる租税高権）に基づき、課税対象や課税標準等を自由に決定できますね。

それに対し、国際租税の分野においては、租税条約[*1]などにより相手国との関係で自国の課税権が制限されるということでしょうか。しかし、それは相手国にとっても同様です。

[*1] 租税条約は、国際間における課税権の配分や国際間で生じる二重課税等の問題を調整するとともに、国際間の脱税及び租税回避の防止等を通じ2国間の健全な投資・経済交流の促進を目的として締結されるものです。ちなみにわが国は平成27年8月1日現在で64か国との間で条約を締結しています（ただし、旧ソ連との条約が承継されている国もありますので、実際の適用対象国は90か国となっています）。

なお、国際課税問題は、所得税や法人税だけでなく、相続税や贈

与税、消費税の分野においても生じてきます。その意味でいえば、すべての所得や財産、消費に対して課税しないこととしている国（いわゆるタックス・ヘイブン）でない限り、何らかの形で国際課税問題が生じてくるということができるでしょう。

2　課税方式の種類(1)

健人　わが国では、原則として「全世界所得課税方式（Worldwide Taxation Approach）」が採用されているとのことですが、国によっては、外国で稼いだ所得については課税しないとしている例もあると聞きました（いわゆる「領域主義課税」）。そのような全世界所得課税方式を採用している国と領域主義課税方式を採用している国では、どのような制度になっているのでしょうか？

川田教授　おっしゃるように、わが国をはじめ米国など多くの国では、原則として「全世界所得課税方式」が採用されています。しかし、例えばシンガポールや香港などでは、国内で生じた所得についてのみ課税するといういわゆる領域主義課税方式が採用されています。

　また、フランスやドイツなどにおいても一定の制限付きではありますが、国外所得免税としています。

　しかし、それらの国においても、例えば租税回避目的で国内の所得を国外に移しているような事例に対しては、それに対処するため特別の規定が設けられています。また、全世界所得課税方式によっている国でも、例えば外国子会社からの受取配当については課税しないこととするなど一部領域主義課税方式の考え方が導入されています（英国、日本など）。

3　課税方式の種類(2)

悠　国外所得に課税しないという方式と全世界所得課税方式では、ど

のような点が異なるのでしょうか？

川田教授 国外所得に課税しないいわゆる「領域主義課税方式（Territorial Taxation Approach）」下では、国外源泉所得には課税されないので、そもそも国際的な二重課税問題は発生しません。

しかし、この方式によっている国であっても、国外に所得や財産を移転することにより自国での課税を免れようとする者は出てきます。そのため、この方式によっている国であっても、このような国際的租税回避を防止するための規定は必要です。具体的には、図表1－1のようなイメージです。

それに対し、わが国のように居住者や内国法人の全世界所得を対象に取り込んで課税することとしている国においては、源泉地国で得られた所得に対して課された税金を自国でどのように扱うべきかという問題が生じてきます。

といいますのも、これをそのまま放置しておいた場合、納税者は同じ所得について相手国と自国で二重に課税されてしまうことになるためです。そこで、これらの方式によることとしている国においては、何らかの形でこのような国際的な二重課税を排除する方式が採用されています。

一般的なやり方としては、「外国税額損金算入方式」と「外国税額控除方式」という2つのやり方があります。

ちなみに、わが国の場合には、外国税額控除方式と外国税額損金算入方式のいずれかを選択することとされています。なお、これら2つの方式をイメージ図で示すと図表1－2のようになります。

Lesson 1　国際課税を学ぶにあたって

●図表1－1　領域主義課税方式（Territorial Taxation Approach）のイメージ

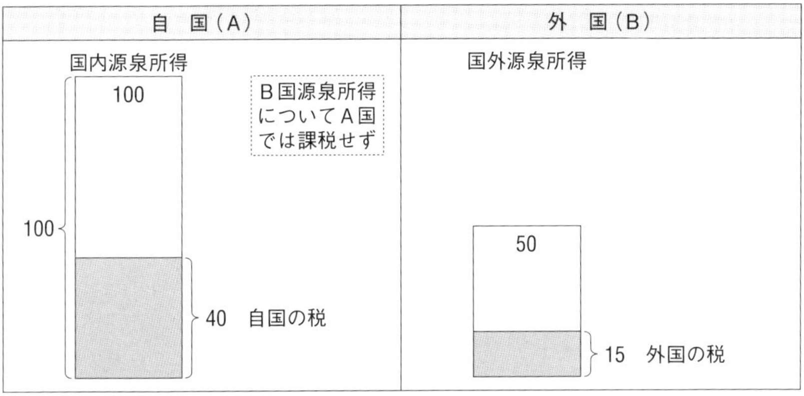

自　国（A）	外　国（B）
国内源泉所得 100　　B国源泉所得についてA国では課税せず　　100　40 自国の税	国外源泉所得　　50　　15 外国の税

① 領域主義課税方式の下では、国内源泉所得の100に対してのみ自国で課税。その結果、この事例におけるA国での負担は、税率40％とすると40になる。
② 他方、国外源泉所得については源泉地国で課税されるが、その分については国内法上無視される。上図の場合、外国での税率を30％とすると源泉地国で15の税が課される。
③ その結果、この事例における全世界所得に対する税負担は55ということになる。

　　この方式によった場合、外国での税負担が低いほど全体の税負担も低くなる。その結果、所得の海外移転が促進される傾向があるとされている。

●図表1-2 全世界所得課税方式(Worldwide Taxation Approach)のイメージ

① 外国税額損金算入方式の場合

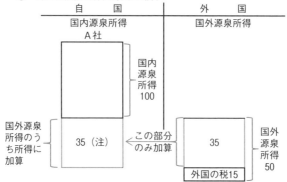

(注)国外源泉所得50のうち現地国で課された税15を損金とみなし、税引き後の所得(35)のみを国内源泉所得に加算。その結果、所得は135となり、それに対して税率を乗じた金額が要納付税額となる。

② 外国税額控除方式の場合

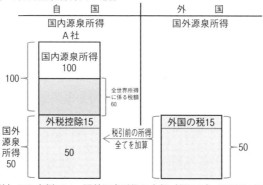

(注)この事例では、国外源泉所得の全額(税込み)を所得に加算した上で、その総額(150)に対し、税率40%で課税し、税額(60)を算定、そこから外国で課された税額相当分(15)を税額控除することで二重課税を回避している。
　その結果、納税者が自国での要納付税額は45(=60-15)となる。

居住者、非居住者

1 「居住者」と「非居住者」の区分

川田教授 前回、所得税、法人税や相続税（贈与税）の課税方法として、全世界所得課税方式と領域主義課税方式という２つのアプローチの仕方があるという話をしました。今回はその続きです。

ゆめは 先生、所得税法や法人税法、相続税法等を見てみますと、「居住者」、「非居住者」、「内国法人」、「外国法人」などという言葉が頻繁に使われています。どうしてなのでしょうか？

川田教授 前回申し上げたように、所得や資産に対する課税の方法には２つのやり方があります。そのうちの１つは、「領域主義（Territorial）」課税方式です。この方式ですと「居住者」と「非居住者」を分ける必要はありません。

　それに対し、「居住者」と「非居住者」に分けているのは、わが国の所得税法や法人税法（相続税法）等において、「居住者」や「内国法人」に対し、全世界所得（又は全世界で相続した財産）について課税するというアプローチが採用されているためです。なお、アメリカ等のように国籍の有無によって課税範囲を定めている場合もあります。

健人 なるほど。それでは、「居住者」、「非居住者」とは、具体的にどのような者をいうのでしょうか？

川田教授 まず、「居住者」と「非居住者」について説明しましょう。国によっては、国籍の如何により課税範囲を分けている場合があります（例えば、米国）。わが国の所得税法では、「居住者」とは、「（日本）国内に住所を有し、又は現在まで引き続いて１年以上居所を有

する個人をいう。」と規定しています（所法2①三）。そして、「居住者」のうち、日本の国籍を有しておらず、かつ、過去10年以内において国内に住所又は居所を有していた期間の合計が5年以下の者を「非永住者」として定義しています。お気づきのように、この部分についてのみ国籍主義が採用されています。また、「非居住者」とは、「居住者以外の個人をいう。」と定義されています（所法2①五）。

健人　「居住者」、「非永住者」、「非居住者」という区分があるのはわかりましたが、それらとの納税義務又は課税所得との関係はどのようになっているのでしょうか？

川田教授　まず「居住者」についてですが、所得の源泉地が国内であるか国外であるかを問わず、すべての所得（全世界所得）に対して課税されます（所法5①、7①一）。

　ただし、「居住者」に該当する場合であっても、その者が「非永住者」に区分される者であれば、国内源泉所得と国外源泉所得のうちの一部（日本国内で支払われた所得及び日本に送金された部分）に対してのみ課税となります（所法5①、7①二、161、所令17、279～288）。それに対し、「非居住者」の場合にあっては、国内源泉所得についてのみ課税されます（所法5②、7①三、161、所令279～288）。具体的には、図表1-3のようになります。

●図表1-3　個人納税者の区分と課税所得の範囲

納税者の区分		課税所得の範囲
居住者 （所法2①三）	・国内に住所を有する個人 ・現在まで引き続き1年以上居所を有する個人	・すべての所得（全世界所得） 　（所法5①、7①一）
非永住者 （所法2①四）	・日本国籍を有しておらず、かつ、過去10年以内において国内に住所又は居所を有していた期間の合計が5年以下である個人	・国内源泉所得 ・国外源泉所得（国内払い・国内送金分に限る） 　（所法7①二、所令17）
非居住者 所法（2①五）	・居住者以外の個人	・国内源泉所得のみ 　（所法7①三、161、所令279～288）

（出典）　財務省（一部修正）

2 納税者が居住ステータスを変更した場合における課税所得の範囲

悠 場合によっては、納税者が居住ステータスを変更することがある（例えば、居住者から非居住者あるいはその他の場合）と思いますが、その場合における課税関係はどのようになるのでしょうか？

川田教授 居住者から非居住者にステータスが変更になった場合、出国の日までは居住者になります。したがって、それまでの間に生じた所得については、国内源泉所得、国外源泉所得の双方についてわが国で納税義務を負うことになります。また、出国の日の翌日からは非居住者となりますので、国内源泉所得がある場合のみ課税となります。

●図表1－4　居住者から非居住者の場合

他方、非居住者から居住者にステータスが変更になった場合には、帰国の日までは非居住者ですので、その間わが国で課税となるのは国内源泉所得のみですが、帰国の日の翌日からは居住者となりますので、全世界所得について課税となります。具体的には次のようなイメージです。

●図表1－5　非居住者から居住者の場合

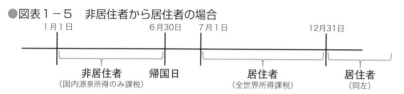

3 二重居住者(双方居住者)

悠 制度の違いによってわが国の居住者が相手国でも居住者になってしまうというようなことはないのでしょうか? その場合にはどうすればよいのでしょうか?

川田教授 おっしゃるように、国によって居住者の定義が異なりますので、場合によっては、同一の納税者が、わが国でも相手国でも居住者として扱われてしまうというような事態が生じてきます。いわゆる二重居住者です。そのような場合に対処するため、租税条約では双方居住者の振分けに関する基準を設け、それでも解釈できない場合には、相互協議により振り分けることとしています。ちなみにわが国が締結している租税条約の多くにこれと同じ規定が盛り込まれています。

しかし、わが国との間で租税条約が締結されていない場合には救済できません。したがって、そのような場合には双方居住者のままとなります。

内国法人と外国法人

1 「内国法人」と「外国法人」の区分

健人　「内国法人」、「外国法人」についてはどうでしょうか？
川田教授　「内国法人」、「外国法人」は所得税法でも納税義務者とされていますが、その範囲は限定されています（所法5③・④）。そのため、所得税法でも「内国法人」、「外国法人」について定義規定が置かれています。

　しかし、法人が負う納税義務の中心的部分は法人税法で規定されています。ちなみに、法人税法では、納税義務者を「内国法人」と「外国法人」に区分しています（法法2三・四）。このうち、「内国法人」とは、日本国内に本店又は主たる事務所を有する法人をいい、「外国法人」とは、それ以外の法人をいうこととされています（法法2三・四）[*2]。

[*2]　ちなみに、外国法人の数は平成25事務年度で556.8万社となっています。

　わが国のように法人が設立された国（本店所在地国）がどこにあるかによって、「内国法人」と「外国法人」を区分するやり方は、「設立準拠法主義」という名で呼ばれています[*3]。

[*3]　ちなみに会社法では、会社法に従って設立された会社を会社といい、外国の法令に準拠して設立された法人その他の団体で会社と同様のものを外国会社として、通常の会社と区分しています。すなわち、会社が設立された場所によって内外を区分するという考え方です。アメリカ等でもわが国と同じ考え方によっています。

　それに対し、法人がどこで設立されようと関係なく、それらの法人が実質的に管理支配されているのがどこかによって内国法人と外国法人を区分するという考え方を採用している国もあります。イギ

リスや旧イギリス連邦系の国々では、このような考え方が採用されています。

なお、「居住者」、「非居住者」のところでも触れましたように、領域主義課税であれば、そもそも国内源泉所得にしか課税しませんので、このような区分をする必要はありません。

健人 法人も「内国法人」か「外国法人」かによって、課税所得の範囲に差があるのでしょうか？

川田教授 あります。例えば「内国法人」については、その全世界所得が課税対象となります。それに対して、「外国法人」の場合においては、国内源泉所得のみが課税対象となります。

具体的には、図表1-6のようになります。

●図表1-6 法人納税者の区分と課税所得の範囲

納税者の区分		課税所得の範囲
内国法人	国内に本店又は主たる事務所を有する法人（法法2三）	すべての所得（全世界所得） ※ ただし、外国子会社配当益金不算入制度の適用を受ける配当については、その95％相当額を益金不算入（法法4①）
外国法人	内国法人以外の法人（法法2四）	国内源泉所得のみ（法法4③）

（出典）財務省（一部修正）

悠 法人税法だけでなく、所得税法でも「内国法人」と「外国法人」に関する定義が設けられていますが、どうしてなのでしょうか？

川田教授 よいところに気がつきましたね。おっしゃるように、所得税法でも「内国法人（所法2①六）」と「外国法人（所法2①七）」について定義規定が設けられています。それは、所得税法で法人に対する贈与や遺贈、譲渡等がなされたり（所法59）、利子、配当等の受領者が法人であったりするためです（所法174、第3編第3章）。

また、所得税法では、源泉徴収義務についても規定されています（所法第4編　源泉徴収）が、源泉徴収義務者や受取りサイドにも、個人だけでなく法人も含まれています。このようなことから、所得税法でも、法人に関して定義規定が必要になってくるというわけです。

国際的二重課税の排除

居住者や内国法人が国外で得た所得については源泉地国たる相手国でも課税されています。その結果、そのままでは二重課税となってしまいます。ここでは、国際的な二重課税の排除方法について見ていきます。

1 「全世界所得課税」と「国内源泉所得のみ課税」

ゆめは 「居住者」及び「内国法人」に対しては、「全世界所得」に対して課税がなされるとのことですが、そこでいう「全世界所得」とは、どのようなものをいうのでしょうか？

川田教授 所得は、それがどこで生じたか（いわゆる所得の源泉地）によって、①「国内源泉所得」と②「国外源泉所得」に分けられます。

「居住者」及び「内国法人」の場合には、そのいずれに対してもわが国で課税されます。一般に「全世界所得課税方式」と称されている方式です。それに対し、「非居住者」及び「外国法人」の場合にあっては、課税されるのは「国内源泉所得」のみとなっています。

この方式は、「源泉地課税方式」と称されています。ちなみに、それらの関係を一覧表の形で表すと、図表1－7のようなイメージになります。

●図表1－7　課税権の範囲

わが国課税権の範囲	所得源泉地	
	日　本	外　国
居住者・内国法人　：全世界所得課税（①＋②）	①　国内源泉所得	②　国外源泉所得
非居住者・外国法人：国内源泉所得のみ課税（③）	③　国内源泉所得	④　国外源泉所得

2　国際的二重課税が生じた場合の調整方法

ゆめは　国外源泉所得に対しては、源泉地国でも課税されるのでしょうか。もし源泉地国でも課税されるということであれば、同じ所得に対し、源泉地国とわが国で二重課税になってしまうのではないでしょうか？

川田教授　おっしゃるように、自分の国で生じた所得に対しては、原則としてどこの国でも課税することとしています[*4]。

>　[*4]　ただし、国によっては、自国で生じた所得に対して一切課税しないこととしている国があります。このような国は、一般に「租税天国（タックス・ヘイブン）」という名で呼ばれています。

　その場合、国外源泉所得免除方式によってそもそもそれらに対し課税しないとすることで国際的には二重課税を排除するというやり方も考えられますが、わが国は全世界所得課税方式によっていますので、国外源泉所得に対しては、源泉地国とわが国で二重課税されてしまいます。

健人　そのような国際的な二重課税が生じた場合、その調整は源泉地国で行うのでしょうか？　それとも、居住地国で行うことになるのでしょうか？

川田教授　一般的には、居住地国で行うことになります。
　例えば、わが国の場合ですと、「外国税額控除方式」及び「外国税額損金算入方式」によって調整することとしています。

3　内国法人が外国子会社から受領した配当は？

悠　法人の場合、外国での事業活動を子会社等の形で行うこともあると思いますが、その場合はどうなるのでしょうか？

川田教授　なかなかよい質問ですね。外国の法令によって設立された

外国子会社は、内国法人とは別法人になりますので、子会社で生じた所得に対しては、その子会社が設立された国で課税を受けることになります。

他方、親会社である内国法人自体はその国で事業活動は行っていませんので、基本的には国際的二重課税という問題は生じません。

しかし、内国法人がそれらの子会社から配当を受領した場合、それらの配当に対しては、現地ですでに法人税が課されていますので、わが国で受取配当に課税することとした場合には、その部分については結果的に国際的二重課税となります。

そこで、外国子会社（持株割合25％以上、かつ6か月以上保有）から配当を受領した場合には、これを益金に算入しないというやり方（いわゆる「外国子会社配当益金不算入方式」）により、国際的な二重課税を排除することとしています（法法23の2）[*5]。

[*5] 従前は、「間接税額控除」というやり方で二重課税の調整が行われていました。しかし、同制度の下においては控除限度額等が設けられていたため、その枠内で配当を受領する必要があったことなどから、その管理に多大の事務を要していました。そこで、平成21年度の税制改正で現行のような方式（外国子会社配当益金不算入方式）に改められました。

悠 租税条約が締結されている場合、何かこれらと異なった取扱いになることがあるのでしょうか？

川田教授 租税条約の中には、国際間で生じる二重課税を調整するため、受取配当益金不算入の対象となる親子会社の要件について、持株要件を軽減（25％以上→10％以上）している例があります[*6]。

[*6] 例えば、日米条約10条。

また、利子、配当、使用料等についても源泉地国の課税を相互に制限（免税又は上限税率の設定）したりしています[*7]。

[*7] 例えば、日米条約では、利子及び配当のうち一定のものについて源泉地国での

課税を免税にしています（日米条約10条等）。

また、使用料についても源泉地国免税としています（日米条約12条）。

4　相続税・贈与税における国際的二重課税の排除

ゆめは　国際的二重課税は相続税や贈与税についても生じるのでしょうか？

川田教授　相続税、贈与税については第6章で詳解していますので、ここでは簡単に触れるのみにとどめたいと思いますが国際的二重課税は、相続税・贈与税についても生じます。

健人　どのような場合に国際的二重課税が生じるのでしょうか？

川田教授　相続税・贈与税においては相続人又は受贈者が居住者の場合で、財産の所在地がどこであってもわが国での納税義務を負うことになります。

　また、非居住者の場合であっても、例えば被相続人又は贈与者がわが国の居住者又は出国後5年以内である場合には、全世界所在財産について課税することとされていることから、国外財産の所在地国でわが国の相続税又は贈与税に類似した税が課されるときは国際的二重課税が生じます。

悠　所得税、法人税においては国際的二重課税の排除措置として外国税額控除方式と損金算入方式の選択適用が認められているとのことですが、相続税・贈与税の分野でも同様なのでしょうか？

川田教授　相続税・贈与税の分野においては、所得税と法人税などのように損金算入というやり方はありません。そこで、ここでは外国税額控除方式か、財産所在地国で相続税等が課された後のいわゆる税引後の財産の価額を課税財産として合算する方式のいずれかによることとなります。

Lesson 5 国内源泉所得

1 所得税法、法人税法の双方で規定

川田教授 わが国では、納税義務者が個人にあってはその居住地に着目し、居住者と非居住者に区分しています。また、法人の場合にあってはその本店所在地等に着目し、内国法人と外国法人に区分しています。そのうえで、居住者及び内国法人に対しては、その全世界所得に対し課税するとともに、非居住者及び外国法人の場合にあっては、国内源泉所得に対してのみ課税することとしています（所法5、7、161、164、法法4）。

そのため、いかなるものを国内源泉所得とするのかが重要な問題となってきます。

ゆめは 非居住者、外国法人の場合にあっては、わが国の国内源泉所得のみが課税されるとのことですが、そこでいう「国内源泉所得」とは、どのようなものをいうのでしょうか？

川田教授 所得税法（161条）と法人税法（138条）で若干差がありますが、基本的にはほぼ同じ内容のものが規定されています（図表1－8）。

ゆめは 国内源泉所得に関する規

●図表1－8　国内源泉所得に関する所得税法と法人税法の比較

所得の種類	所得税法上の国内源泉所得（所法161）	法人税法上の国内源泉所得（法法138）
1号の1	事業所得	同左（注1）
1号の2	任意組合等を通じた所得の分配	（規定なし）（注1）
1号の3	土地等の譲渡対価	（規定なし）（注1）
2号	人的役務の提供事業の対価	同左
3号	不動産の貸借料等	同左
4号	利子等	同左
5号	配当等	同左
6号	貸付金の利子	同左
7号	使用料等	同左
8号	給与等の人的役務提供の報酬等	なし（注2）以下順次繰上げ
9号	事業の広告宣伝のための賞金	同左（ただし、法人税では8号所得）
10号	生命保険契約に基づく年金等	同左（9号）
11号	定期積金の給与補塡金等	同左（10号）
12号	匿名組合契約等に基づく利益の分配	同左（11号）

（注1）法人税法では、所得税法のように1号所得を細分化せず、まとめて1号所得としています。
（注2）この所得は個人に対するものですので、法人税法では規定がありません。

●図表１－９　所得税法で規定する納税義務者の区分と課税所得の範囲、課税方法の概要

納税義務者の区分		項　目 課税所得の範囲	課税方法
個人	居住者	非永住者以外の居住者（所法２①三）	国の内外で生じたすべての所得（所法５①、７①一）	申告納税又は源泉徴収
		非永住者（所法２①四）	国内源泉所得及びこれ以外の所得で国内において支払われ、又は国外から送金された所得（所法５①、７①二）	申告納税又は源泉徴収
	非居住者（所法２①五）		国内源泉所得（所法５②、７①三）	申告納税又は源泉徴収
法人	内国法人（所法２①六）		国内において支払われる利子等、配当等、定期積金の給付補塡金等、匿名組合契約等に基づく利益の分配及び賞金（所法５③、７①四）	源泉徴収
	外国法人（所法２①七）		国内源泉所得のうち特定のもの（所法５④、７①五）	源泉徴収
	人格のない社団等（所法２①八）		内国法人又は外国法人に同じ（所法４）	源泉徴収

（出典）　国税庁「平成27年６月　源泉徴収のあらまし」234頁より

定が所得税法と法人税法の双方で規定されているのは、どうしてなのでしょうか？

川田教授　よいところに気がつきましたね。それは、課税する税目が異なるためです。

　ちなみに、所得税法で規定されている納税義務者、課税所得及び課税方法は、図表１－９のようになっています。

2　所得税法で１号所得を細分している理由

健人　ところで、国内源泉所得のうち、給与所得については所得税法のみで規定（所法161八イ）されていますが、どうしてなのでしょう。また所得税法第161条８号イのかっこ書で「内国法人の役員として国外において行う勤務その他を含む。」とされているのはどうしてなのでしょうか？

川田教授　給与所得の原因となる給与、報酬等の人的役務の提供者は、個人である非居住者に限られていますので、所得税法だけで規定されているわけです。

　また、給与所得について、「内国法人の役員として国外において

行う勤務その他を含む。」こととしているのは、内国法人の役員にあっては、たとえその勤務地が外国であったとしても、内国法人の経営に参画していると考えられることから、それらの者が得る所得を国内源泉所得として扱うこととしているためです。

悠 では、源泉所得のうち、1号所得について、所得税法では1号の2と1号の3に区分されているのはどうしてなのですか？

川田教授 そうですね、かつては、それらはすべて1号所得として規定されていました。しかし、バブル期に非居住者が土地譲渡により多額のキャピタルゲインを得ていたにもかかわらず、申告、納付がなされていないという事例が多発しました。

そこで、このような徴税漏れを防止するという見地から、土地代等の譲受者に対しては10％で、外国の投資家が所得税法上の任意組合（パートナーシップ）等を利用して日本に投資を行う場合には、20％の源泉徴収が義務付けられることになったというわけです（所法212①、213①）。

なお、源泉徴収税率については、復興特別税として2.1％相当分が上乗せされていますので、現在の源泉徴収税率は図表1−10のようになっています（次頁参照）。ただし、租税条約で減免規定が設けられている場合には、そちらの規定が適用になります。

3 国内源泉所得の課税標準はグロスの金額もあり

ゆめは 所得税や法人税の課税標準となる「所得」は、一般的には収入から費用を控除したいわゆるネットの金額で表示されていると思うのですが、国内源泉所得についても同じと考えてよいのでしょうか？

川田教授 そこでいう「国内源泉所得」とは、そもそも所得の源泉地が国内なのか国外なのかについて用いられている言葉です。した

●図表１－10　源泉徴収の対象となる国内源泉所得と源泉徴収税率

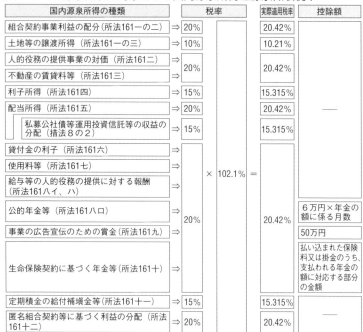

（注）国内源泉所得の金額の中に消費税及び地方消費税相当額が含まれる場合には、それらを含めた金額が源泉徴収の対象となります。
（出典）国税庁「平成27年版　源泉徴収のあらまし」242頁

がって、ここでいう「国内源泉所得」には、通常でいうネット概念の「所得」だけでなく、利子や配当、使用料等のようにグロスの金額（収入金額）でとらえられているものも含まれています。

恒久的施設

　非居住者又は外国法人によるわが国への進出にはいくつかの方法が考えられます。そのうち最も本格的な進出形態は、わが国に法人を設立し、それを通じて事業活動を展開するというやり方です。

　この形態による進出については、わが国の法人税法上、内国法人として扱われることになります（法法2三）。そのため、他の内国法人とまったく同じ扱いとなります。したがって、ここでは改めて取り上げる必要はないと思いますので、説明は省略します。

　それ以外の進出形態としては、わが国に恒久的施設を設けて事業活動を展開するというやり方と恒久的施設等は設けずに投資的活動のみを行うというやり方が考えられます。また、恒久的施設を有して進出してくる場合でも、業種や業態によってその内容が異なります。

1　「恒久的施設」とは何か？

ゆめは　非居住者や外国法人がわが国で事業活動や投資活動（いわゆるインバウンド取引）を行う場合には、国内源泉所得に対してのみ課税されるということはわかりましたが、それらの者に対する課税方法は、非居住者や外国法人がわが国に「恒久的施設を有するか否か」によって課税所得の範囲、課税方法等が異なると聞きました。それでは、そこでいう「恒久的施設」とは、どのようなものをいうのでしょうか？

川田教授　「恒久的施設（PE）」は、正式には「Permanent Establishment」の日本語訳で、一般的にはPEと略称されています。わが国の国内法では、PEは次の3つの種類に区分されています（所法164、法法141）。

① 支店、出張所、事業所、事務所、工場、倉庫業者の倉庫、鉱山・採石場等天然資源を採取する場所。ただし、資産を購入したり、保管したりする用途のみに使われる場所は含みません。
② 建設、据付け、組立て等の建設作業等のための役務の提供で、1年を超えて行うもの。
③ 非居住者のためにその事業に関し契約を結ぶ権限のある者で、常にその権限を行使する者や在庫商品を保有しその出入庫管理を代理で行う者、あるいは注文を受けるための代理人等（代理人等が、その事業に関わる業務を非居住者に対して独立して行い、かつ、通常の方法により行う場合の代理人等を除きます）。

恒久的施設の有無の判定は、形式的ではなく、機能的な側面が重視されます。例えば、ホテルの一室を借り受け売買契約を締結した場合、その一室は恒久的施設に該当します。他方、単なる製品の貯蔵庫等は恒久的施設に該当しないこととされています（所基通164－3、4、法基通20－2－1）。

2 恒久的施設の有無・区分で課税方法に違い

健人 恒久的施設の有無、恒久的施設の区分等によって、課税方法にどのような差が生じてくるのでしょうか？

川田教授 わが国に恒久的施設を有していない非居住者の場合、国内源泉所得のうち1号〜3号所得については総合課税となる（ただし、事業の所得及び組合契約事業利益の配分については、PEでなければ課税なしという原則に従い非課税となります）ものの、利子所得（4号所得）以下の所得については、源泉分離課税のみで課税が完了します（所法161、164、212、213）。

ちなみに、非居住者に対する課税は、次のようになっています。
① 国内に支店、工場その他事業を行う一定の場所（いわゆる1号）

を有する非居住者、外国法人……すべての国内源泉所得
② 国内において、建設、据付け、組立て、その他の作業又はその作業の指揮監督の役務提供を行う非居住者で、提供を1年を超えて行う者（いわゆる建設PEを有する非居住者）及び国内に自己のために契約を締結する権限のある者、その他これに準ずる者を有する非居住者（いわゆる代理人PEを有する非居住者）……次に掲げる国内源泉所得
　(イ) 所得税法161条1号から3号までに掲げる国内源泉所得
　(ロ) 所得税法161条4号から12号までに掲げる所得のうち、その非居住者が国内において行う建設作業等に係る事業又は代理人等を通じて行う事業に帰せられるもの
③ 恒久的施設を有しない非居住者……次に掲げる国内源泉所得
　(イ) 所得税法161条1号及び1号の3に掲げる国内源泉所得のうち、国内にある資産の運用若しくは保有又は国内にある不動産の譲渡により生ずるもの、その他政令で定めるもの
　(ロ) 所得税法161条2号及び3号に掲げる国内源泉所得
　具体的にはそれぞれ、図表1－11のようになります（次頁参照）。

健人 外国法人の場合はどうなるのでしょうか？

川田教授 基本的には非居住者の場合と同じです。なお、具体的には図表1－12のイメージです。

3　分離課税となる所得とは？

悠 非居住者が得る国内源泉所得のうち、分離課税のみで課税が完了するものにはどのようなものがあるのでしょうか？

川田教授 建設PE及び代理人PEに係る事業のうち、所得税法161条に規定する国内源泉所得（4号〜12号）でそのPEを通じて行われる事業以外のもの、及びPEを有しない非居住者の課税所得のうち、

● 図表1−11　非居住者に対する課税関係の概要

所得の種類 (所法161)	非居住者の区分 (所法164①)	国内に恒久的施設を有する者		国内に恒久的施設を有しない者 (所法164①四)	源泉徴収 (所法212①、213①)
		支店その他事業を行う一定の場所を有する者 (所法164①一)	1年を超える建設作業等を行い又は一定の要件を備える代理人等を有する者 (所法164①二、三)		
事業の所得	(所法161一)	【総合課税】 (所法164①一)	【総合課税】 (所法164①二、三)	【非課税】	無
資産の所得	(〃 一)			【総合課税】 (所法164①四)	無
その他の国内源泉所得	(〃 一)				無
組合契約事業利益の配分	(〃 一の二)	【源泉徴収の上総合課税】 (所法164①一)	【源泉徴収の上総合課税】 (所法164①二、三)	【非課税】 (所法164①四)	20.42%
土地等の譲渡対価	(〃 一の三)				10.21%
人的役務の提供事業の対価	(〃 二)				20.42%
不動産の賃貸料等	(〃 三)				20.42%
利子等	(〃 四)	【源泉徴収の上総合課税】 国内事業に帰せられるもの (所法164①一)	【源泉分離課税】 国内事業に帰せられないもの (所法164②一)	(所法164②二)	15.315%
配当等	(〃 五)				20.42%
貸付金利子	(〃 六)				20.42%
使用料等	(〃 七)				20.42%
給与その他人的役務の提供に対する報酬、公的年金等、退職手当等	(〃 八)				20.42%
事業の広告宣伝のための賞金	(〃 九)				20.42%
生命保険契約に基づく年金等	(〃 十)				20.42%
定期積金の給付補塡金等	(〃 十一)				15.315%
匿名組合契約等に基づく利益の分配	(〃 十二)				20.42%

(注) 組合契約事業利益の配分に対する所得は非課税ですが、源泉徴収はされます（申告により還付）。
(出典)「平成27年　源泉徴収のあらまし」236頁より

　同じ種類の所得とされています。
　ちなみに、分離課税とされているのは、次のような所得です。
① （筆者注：所得税法、以下同じ）161条4号（国内源泉所得）に掲げる利子等
② 161条5号に掲げる配当等（いわゆる配当所得）
③ 161条8号ロ（公的年金等）に掲げる年金
④ 161条9号に掲げる賞金……その支払を受けるべき金額から50万円を控除した金額
⑤ 161条10号に掲げる年金（いわゆる年金保険等契約に係る年金）……契約に基づいて支払を受けるべき金額から当該契約に基づいて払い込まれた保険料又は損金の額のうち、その支払を受けるべき金額に対応するものとして一定割合を控除した金額

Lesson 6　恒久的施設

● 図表1－12　外国法人に対する課税関係の概要（網掛け部分が法人税の課税範囲）

所得の種類 （法法138）	外国法人の区分	国内に恒久的施設を有する法人		国内に恒久的施設を有しない法人 （法法141四）	源泉徴収 （所法212①、213①）
		支店その他事業を行う一定の場所を有する法人 （法法141一）	1年を超える建設作業等を行い又は一定の要件を備える代理人等を有する法人 （法法141①二、三）		
事業の所得　　　　　　　　（法法138一）				【非課税】	無（注1）
資産の運用又は保有による所得 （　〃　一）					無（注2）
資産の譲渡による所得　　（　〃　一）				不動産の譲渡による所得及び法令187①一～五に掲げる所得	無（注3）
その他の国内源泉所得　　（　〃　一）					無
人的役務の提供事業の対価　（　〃　二）					20.42%
不動産の賃貸料等　　　　（　〃　三）					20.42%
利子等　　　　　　　　　（　〃　四）					15.315%
配当等　　　　　　　　　（　〃　五）					20.42%
貸付金利子　　　　　　　（　〃　六）					20.42%
使用料等　　　　　　　　（　〃　七）			国内事業に帰せられるもの	【源泉分離課税】	20.42%
事業の広告宣伝のための賞金（　〃　八）					20.42%
生命保険契約に基づく年金等（　〃　九）					20.42%
定期積金の給付補塡金等　（　〃　十）					15.315%
匿名組合契約等に基づく利益の分配 （　〃　十一）					20.42%

（注1）　事業の所得のうち、組合契約事業から生ずる利益の配分については、20.42％の税率で源泉徴収が行われます。
（注2）　措置法第41条の12の規定により、割引債（特定短期公社債等一定のものを除きます）の償還差益については、18.378％（一部のものは16.336％）の税率で源泉徴収が行われます。
（注3）　資産の譲渡による所得のうち、国内にある土地若しくは土地の上に存する権利又は建物及びその附属設備若しくは構築物の譲渡による対価（所令281の3に規定するものを除きます）については、10.21％の税率で源泉徴収が行われます。
（出典）「平成27年　源泉徴収のあらまし」238頁より

諸外国の国際課税方式等

これまでわが国における国際課税の現状について概観してきました。ここでは、それらの理解をより深く、かつ、鮮明にするため、国際課税に関する基本概念がどのように扱われているかについて見ていくことにしたいと思います。

1 諸外国の国際課税

ゆめは わが国では、所得税や法人税などの所得課税について、原則

●図表1－13 領域課税方式のイメージ

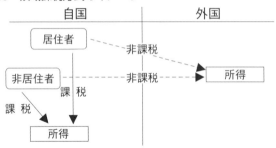

●図表1－14 全世界所得課税方式のイメージ

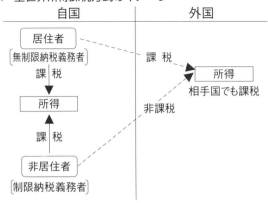

として全世界所得を課税対象としていますが、わが国のような考え方は世界共通のものとなっているのでしょうか？

川田教授 必ずしもそうではありません。例えば、フランスやデンマーク、香港、シンガポールなどでは、居住者であっても、自国領域内で生じた所得にのみ課税する方式、いわゆる、領域課税方式（Territorial Taxation System）が採用されています。この方式は、ラテン・アメリカ諸国の多くでも採用されています。

それに対し、わが国のような課税方式は、全世界所得課税方式（Worldwide Taxation System）と称されています。ちなみに、わが国と同じような方式が採用されているのは米国、英国、カナダ、ドイツなどです。

2　居住性の判断

健人 全世界所得課税方式の場合、居住者（内国法人）か非居住者（外国法人）かによって課税範囲を異にしているとのことですが、居住性の有無はどのような基準で判定するのですか？

川田教授 わが国の場合、個人の場合は住所（又は居所）がどこにあるかによって区分し、法人の場合は本店所在地（法人の設立地）がどこであるかによって区分するという方式が採用されています。

一般に、全世界所得課税方式の下においては、納税者（法人含む）を形式基準（formal criteria）によって区分するか実質基準（factual criteria）によって区分するか、いずれかの方式が採用されています。

例えば、米国では、個人にあっては原則として米国籍の有無、法人は米国で設立されたかどうかという形式基準により区分しています。

それに対し、英連邦諸国などでは、個人も法人も実質主義により内外区分することとしています。ちなみに、法人でいう「実質主義」は、管理支配の中心又は事業の中心などによって区分するやり方です。

3 双方居住者と双方非居住者

健人 それなら先生、国によって居住者の区分方式を異にしているということは、国際的に事業活動を営んでいる者にとって、どちらの国でも居住者となる事態も生じてくるということなのでしょうか？

●図表1−15　形式主義のイメージ

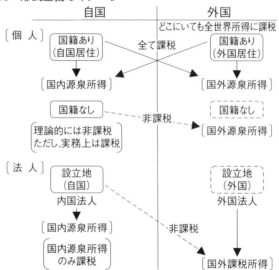

●図表1−16　実質主義のイメージ

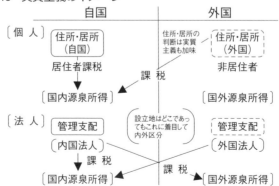

また、どちらにもならないという可能性もあるのでしょうか？

川田教授 当然そうなります。最も多く生じてくるのが、いずれの国でも居住者になる、いわゆる「双方居住者（dual resident）」の問題です。

他方、いずれの国の居住者にもならないものは「双方非居住者（dual non-resident）」と称されています。そのうち「双方居住者」については、租税条約でいずれかの国の居住者に振り分けるとしています。また、事例としてはあまりありませんが、「双方非居住者」には、租税条約で特典を与えないなどの措置が講じられています。

4 無制限納税義務者と制限納税義務者

悠 無制限納税義務者、制限納税義務者という言葉もよく聞きますが、居住者等との関係はどのようになっているのですか？

川田教授 無制限納税義務者、制限納税義務者は、どちらかといえば相続税や贈与税で用いられている用語です。例えば、相続税・贈与税では、「無制限納税義務者」とは、財産の所在地がどこであるかにかかわらず、すべて自国で課税対象に取り込んで課税される者をいいます。

それに対し、「制限納税義務者」とは、自国の所在財産に対してのみ納税義務を負う者をいいます。

このような考え方を所得税の分野にあてはめ、全世界所得に対して納税義務を負う者を無制限納税義務者、それ以外の者を制限納税義務者ということもあります。

課税権の配分

　国際租税の基本概念として、認識しておくべきもう1つのことに、所得の源泉地の問題があります。
　居住者か否かの区分基準として形式基準と実質基準があるように、所得の源泉地についても形式を重視するのか実質を重視するのかなどについて、国によって差があることがあります。ここでは、所得の源泉地について学んでいきます。

1　所得の区分

ゆめは　所得のなかには、それらの所得が自国内で生じたものであるかそうでないかにより、課税上差を設けていると聞きました。国によってそれらの区分基準はまちまちになっているのですか？
　もし、そうだとしたらどうしてなのでしょうか？

川田教授　所得の源泉地を国内と国外に区分しているのは、それが課税範囲に影響してくるためです。所得の源泉地をどのように区分するかは、所得の種類によって異なります。例えば、不動産などからの所得であれば、不動産の所在地が所得の源泉地ということになります。この点については多くの国で共通しています。
　しかし、例えば利子や配当、使用料などのような投資所得については、国によって考え方が分かれてくる可能性があります。
　すなわち、これらの投資資金の出し手である先進国では、できるだけ投資先である現地での課税を避け、自国で課税したいと考えるのが一般的です。
　そのため、それらの所得の源泉地を投資先以外のところ（多くの場合、投資家の居住地国）にするか、少なくとも源泉地での課税を

免税にしようとします。

それに対し、それらの投資を受け入れる国（一般的には発展途上国）では、自国の課税権確保の観点から、所得が生まれる場所（すなわち源泉地）で課税をしたいと考えます。

わが国でも、当初は、先進国からの投資を受け入れる側からスタートしましたので、国内法では源泉地国課税の立場が強く打ち出されています。そして、この姿勢は最近になっても変更していません。

それに対し租税条約においてはわが国が先進国の仲間入りをしたことなどを背景に、最近では源泉地国での課税をできるだけ制限する方向になってきています。

2　利子所得の源泉地

健人　利子所得などのいわゆる投資所得については、その源泉地がどこであるかにつき国によって考え方が分かれているとのことですが、そもそもどのような考え方があるのでしょうか？

川田教授　利子所得の源泉地については、少なくとも次の3つの考え方が可能です（例えば、1923年の国際連盟「二重課税レポート」）。

① 　元本の出し手である国
② 　投資先国
③ 　利子を支払う者の所在地国

①の考え方によった場合、扱いとしては最も簡単ですが、借り手側の課税権が無視され、所得が主要先進国に集中してしまうという問題が生じてしまいます。これは、借入金を受け入れる側の途上国としてはとうてい受け入れることのできない考え方です。そのため、この方式は現在ではほとんど採用されていません。

それに対し、②の投資先国を源泉地とする考え方によった場合、それらの資金がどこで使われているのかに着目するという点では①

にないメリットがあります。この考え方はわが国の国内法でも採用されている考え方です。しかし、この考え方を採用した場合、実際の資金の使用先が自国以外の第三国だった場合、債務者の所在地国で課税できないという問題が生じてきます。

そのため、この考え方も現在ではあまり採用されないようになってきています。

③の利子を支払う国を所得の源泉地であるとする考え方は、資金を受け入れ、それに利子を支払っている国にとって最も受け入れやすい方式です。そのため、現在では多くの国でこの方式が採用されています。そして、これは、使用料などについても同様です。

なお、配当については、その配当を支払う法人の所在地国を源泉地国とする考え方が一般的です。

ちなみに、1923年に出された国際連盟報告の中で、利子及び配当に対する課税について、当時はまだ途上国的な立場だった米国が③の債務者主義によるべしと主張したのに対し、当時の先進国だった英国の代表からは、その案を拒否し、①の元本の出し手である債権者側で課税すべしとする主張がなされています[*8]。

*8 ただし、最終的にまとめられた国際連盟の条約案では、公社債及び貸付金、預金等の利子については債務者の居住地国で、配当については法人の統括権の存在する国で課税すべしとしています（同案第3条、第4条）。

3 租税条約による課税権の配分調整

悠 所得の源泉地について、国によって考え方に差があるということになりますと、実務上、国際事業展開に支障が生じることになると思いますが、どのような形でそれらの差異を調整しているのですか？

川田教授 租税条約です。ご承知のように租税条約には、その重要な

機能として、国際的二重課税の排除や国際的な脱税、租税回避の防止と並んで国際間の課税権の適正配分があります。ちなみに、わが国などが条約締結に当たり参考にしているOECDモデル条約では、国際的な所得については、居住地国での課税を基本としつつも、所得の種類によって源泉地国課税の考え方も採り入れています[*9]。

*9 例えば、配当や利子、使用料については、居住地国課税を原則としつつ（同モデル条約10〜12条の1項）、一定の限度付きではありますが、源泉地国での課税も認めることとしています（前条約第2項）。

Lesson 9 総合主義と帰属主義

1 総合主義と帰属主義の相違点

ゆめは 国際課税に対する基本的アプローチとして「総合主義」と「帰属主義」という考え方があるようですが、「総合主義」と「帰属主義」とではどのような点が異なるのでしょうか?

川田教授 まず「総合主義」とは、国内に恒久的施設があれば、事業所得だけでなく、国内源泉所得から生じる他の所得についても通常税率により課税すべしという考え方です。

一方、「帰属主義」とは、恒久的施設があったとしても、それに帰属しない所得については、源泉徴収のみで課税を完了させる考え方です。すなわち、前者(総合主義)は、国内で恒久的施設を通じて事業活動を行う者に対しては、国内の源泉から生ずるすべての所得について居住者等と同様の課税をするという考え方です。

それに対し、後者は、恒久的施設に帰属する所得に限って居住者と同様に扱って課税するという考え方です。

それぞれの考え方と図で示すと図表1-17のようになります。

●図表1-17 総合主義と帰属主義のイメージ

〔総合主義〕
恒久的施設あり

事業所得	100
投資所得	40
その他の所得	30

国内源泉所得170に対し源泉徴収の有無にかかわらず、全て総合課税

※ 国外源泉所得は課税外

〔帰属主義〕
恒久的施設あり ← 帰属 ← 帰属

| 事業所得 80 | 20 | 投資所得 20 | 20 |

| その他の所得 15 | 15 |

国内源泉所得のうち恒久的施設に帰属する部分(80+20+15)に対し総合課税。
それ以外の部分については源泉徴収のみで課税完了

※ 国外源泉所得でも恒久的施設に帰属するものがあれば課税

2　総合主義と帰属主義を二元的に採用

健人　それらの考え方のうち、わが国で採用されてきたのはどちらの方式なのでしょうか？

　また、どうしてそのような方式が採用されていたのですか？

川田教授　国内法においては「総合主義」が採用されてきました。

　これは、非居住者や外国法人が日本に事業所等を有して事業活動を行う場合には、その非居住者や外国法人の日本に対する属地的対応関係が深いことから、日本源泉の所得については、居住者や内国法と同様に、その全所得を総合合算して通常の税率で課税することが適当と考えられていたことによるものです（例えば、昭和36年12月税制調査会「昭和37年3月税制調査会答申関係資料集（第2分冊）」）。

　それに対し、わが国が締結している租税条約においては、OECDモデル租税条約の示された考え方に基づき、「帰属主義」によっています。その点で、いわば二元的な体制となっていました。

●参考　総合主義（全所得主義）と帰属主義の課税方式の違い（所得の種類別）

【総合主義】(注1)

内外区分		PE あり(注2)	PE なし
国内源泉所得	所得区分		
	国内事業所得	すべての国内源泉所得を対象にネット所得課税（一部源泉徴収＋申告）	課税対象外
	国内資産の運用・保有		課税（申告）
	国内資産の譲渡		課税対象外 / 一部課税(注3)（申告）
	国内不動産の譲渡・賃貸		課税（源泉徴収＋申告）
	利子・配当・使用料		課税（源泉徴収）
国外源泉所得		課税対象外	

【帰属主義】(注1)

内外区分		PE あり		PE なし
	所得区分	PE 帰属	PE 非帰属	
国内源泉所得	（国内事業所得）	PE帰属所得を対象にネット所得課税（一部源泉徴収＋申告）		課税対象外
	国内資産の運用・保有			課税（申告）
	国内資産の譲渡			課税対象外 / 一部課税(注3)（申告）
	国内不動産の譲渡・賃貸		（国内事業所得対象にネット所得課税(注4)）	課税（源泉徴収＋申告）
	利子・配当・使用料			課税（源泉徴収）
国外源泉所得		課税対象外		

(注1)　総合主義はわが国の現行国内法、帰属主義は主要国における一般的な帰属主義のイメージ
(注2)　わが国の現行国内法では、PE をさらに3段階に区分し、ネット所得課税（申告）の対象を振り分け
(注3)　事業譲渡類似株式の譲渡益等
(注4)　PE 帰属所得は国内源泉所得とされる。
(出典)　税制調査会（H22.11.9）提出資料

3　帰属主義への見直し

健人　現在の世界的な潮流はどちらなのでしょうか？

川田教授　世界的な流れは、基本的に「帰属主義」の方向です。

そこで、わが国でも、平成24年度の税制改正大綱で、「総合主義」によっていた従来の国内法の立場を見直し、租税条約で採用されている「帰属主義」に沿った規定に見直すべく具体的に検討を行う旨が明記され（第3章8検討事項(8)）、平成26年の税制改正でOECD租税条約7条に2010年に示された新たな考え方（Authorized OECD Approach：いわゆるAOA原則）に基づき帰属主義に改められました。

悠　なるほど！　AOA原則に基づく帰属主義の考え方に移行したことにより具体的にどんな点が変更になったのですか？

川田教授　具体的な改正点は、要約すれば次の2点に集約されます。

① 　外国法人等の支店（PE：Permanent Establishment）が得る所得については、支店が本店から分離・独立した企業であったとした場合に得られる所得とするとともに、本店と支店との間の内部取引を認識する。

② 　支店が第三国で得る所得について、日本と第三国の両方から課税されて二重課税が生じる場合、その二重課税を排除するために新たに支店のための外国税額控除制度を創設する。

ちなみに、総合主義と帰属主義の差をイメージ図の形で示すと図表1-18のようになっています。

健人　先生、AOA原則とはどのような考え方なのでしょうか？

川田教授　AOA原則は、2010年にOECDで導入が承認された支店所得の計算に関するアプローチです。具体的には、法人格が同じである本店と支店（PE）をあたかも別法人である親会社と子会社のように見立てたうえで両国間の課税権を配分するという考え方です。

Lesson 9　総合主義と帰属主義

●図表1－18　総合主義と帰属主義の差のイメージ

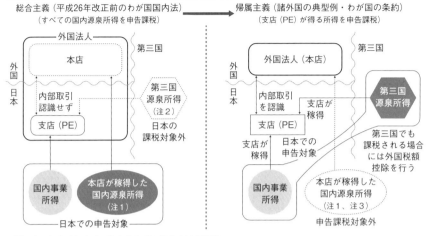

(注1)　本店が支店（PE）を介さずに行う直接投資等
(注2)　支店（PE）が行う国外投融資で第三国において課税されているもの
(注3)　原則として源泉徴収で課税関係終了
(注4)　これらの改正は、国税については、平成28年4月1日以後に開始する事業年度分の法人税及び平成29年分以後の所得税について適用されます。
(出典)　財務省（一部修正）

　また、支店の課税所得の計算にあたっては支店が子会社と同じくあたかも分離・独立した企業であるとした場合に取引される価額で計算することとし本支店間の内部取引を認識するというものです。いわば移転価格税制（第4章参照）の考え方を本支店間の内部取引に応用するという考え方です。

　したがって、支店が果たしている機能やリスク等を説明する文書を作成するとともにその保存も必要となります。

　ちなみに、それらの関係を改正前と改正後に対比する形で示すと図表1－19のようになります。

　この改正に伴い、支店にも独立企業に必要とされる程度の資本を配賦するとともに、支店が支払った負債利子（内部利子を含む）のうち、配賦資本に対応する部分について損金算入が制限されるなど、

● 図表 1 − 19 平成 26 年改正前の考え方と改正後の考え方

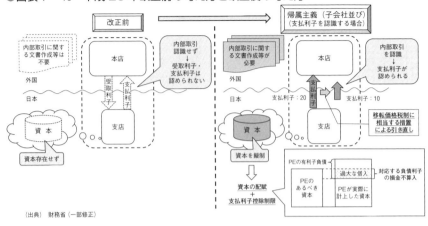

(出典) 財務省 (一部修正)

過少資本税制（第 4 章参照）の考え方も取り入れられています。また、帰属主義の下では、国外支店等が稼得する所得のうち国内支店等に帰属する所得も課税対象となるため、国外支店等で課された外国税額控除制度もあわせて導入されています[10]。

*10 内国法人、居住者の国外PE等についても同じ扱いとなることから、同種の制度（外国税額控除制度）が導入されています。

ゆめは つまり、本店と支店は同一の法人なので本支店内取引については契約書等は作成されてこなかったと思われますが、今後はそれが必要になるということですか？

川田教授 そういうことです。おっしゃるように、本支店間のいわゆる内部取引については、契約書等は作成されてきませんでした。

しかし、改正法の下では、たとえ内部取引といえども、あたかも独立企業であるかのように見立てて支店の所得を計算することになります。そのため、改正法の下では、移転価格税制に示された考え方と同様の考え方に立ち、内部取引の存在及び取引内容を明確にするための文書の作成及び提出が必要とされています。

ゆめは 納税者にとっては準備が大変だと思いますが、いつから適用になるのでしょう。

川田教授 納税者の負担等も考慮し、これらの改正については、法人税であれば、平成28年4月1日以後に開始する事業年分の法人税から、所得税にあっては平成29年分以後の所得税から適用されることとなっています。

Column①

〜国際課税を「難しい」と考えてしまう原因は何か〜

川田教授 さて、ここまでは、全世界所得課税を基本とするわが国の税制の下で、国際課税の基本となる居住者、非居住者、内国法人、外国法人の課税部分と課税範囲及び恒久的施設等といった基本概念について紹介しました。

あわせて、国内課税所得の概念に関する紹介もしてきました。さらに、全世界所得課税に対比される概念としての領域主義課税主義や従前、わが国の国内法で採用されていた総合主義と租税条約及び改正後の国内法で採用されることとなった帰属主義の概念の差について紹介しましたが、どうでしたか。

ゆめは なかなか用語に慣れないと難しいですね（汗）。ただ、1つ1つの用語の意味をきちんととらえることが大切なんですね♪

川田教授 そうですね。よいところに気づきました。まずは、順を追って理解していく姿勢がとても大事です。国際課税といっても、その基本にある考え方は国内で作られた法律です。ですから、国際課税独特の言い回しに振り回されず、基本となる国内法もしっかりと学びつつ理解を深めていくことが一番の近道です。

健人 なるほど。丁寧に積み重ねて学んでいくことと、イメージを持って国際課税を眺めるという姿勢を大切にします！

川田教授 その意気です。では、早速次のレッスンに移りましょう！

ゆめは・健人 そんな〜（涙）。

第2章

国際的な二重課税の排除

二重課税の排除方法

　わが国では、国際間で生じる二重課税の排除方法として、所得税法、法人税法に規定する形で外国税額控除方式が採用されています。

　しかし、租税条約によることなく自国の内国法で外国税額控除を認めるというやり方は必ずしも共通の考え方となっているわけではありません。ここでは、この点について見ていきたいと思います。

1　国際的な二重課税が問題となる理由

ゆめは　課税権は国の主権そのもののような気がします。それなのに、国際的な二重課税が問題となるのはどうしてでしょう。

川田教授　国際的に事業活動を行っている個人や法人にとって、源泉地国で課税され、居住地国である自国でも課税されるということをそのまま放置しておくと、それらの個人や法人は自国だけで事業活動を行っている個人や法人に比して過重な税負担を強いられることとなってしまいます。その結果、個人や法人が海外に出ていかなくなり、国際的な事業活動が阻害されてしまいます。国際的な二重課税が問題となるのはそのためです。

2　二重課税発生の理由

健人　国際的な二重課税をなくすためには、所得が生まれる国でのみ課税するか、そこでは課税せずすべて居住地国で課税するようにすればよいと思いますが、どうしてそうならないのですか？

川田教授　どのような者に課税するかとか、どのような所得に課税するかは各国の主権そのものです。

　したがって、例えば、外国の個人や法人が自国で事業活動をして

いるのに、それに課税しないということになりますと、自国内でのみ事業活動をして税を負担している個人や法人が競争上不利になってしまいます。そのため、所得が生まれる国（いわゆる源泉地国）で、非居住者や外国法人であるという理由のみでそれらの者が得ている所得を免税にすることは基本的に不可能です。

　それに対し、それらの個人や法人の存在している国（いわゆる居住地国）では、外国で稼いだ所得に課税するか否かを自由に決定できます。また、それらの所得に課税しなかったとしても、国内のみで事業活動をしている個人や法人が直ちに不利益を被るということはありません。そのため、国によっては（例えばシンガポール、フランスなど）、外国で得られた所得を免税としている国もあります。

　しかし、多くの国では、自国に居住する個人（居住者）や法人（内国法人）に対しては、所得がどこで得られたかにかかわらず、全世界所得に対して課税することとしています。

　その結果、このような国においては源泉地国と居住地国の双方で課税されてしまうことになってしまいます。

3　国際的二重課税の回避手段

ゆめは　国際的な二重課税を避ける方法はないのでしょうか。

川田教授　あります。現在行われているのは、次の３つの方法です。そのうちの１つが、前述した国外所得免税方式です。

　もう１つのやり方は、外国の所得に対してその国で支払われた税金（所得税又は法人税）を必要経費又は損金に算入するというやり方です。

　しかし、この方式では相手国の税率によって費用の額が異なったりしますので、二重課税は完全に解消されません。

　そこでわが国をはじめ多くの国で採用されているのが、３番目の

外国税額控除方式です。この方法は、居住者や内国法人が外国で支払った税金について、あたかも自国で支払ったかのようにみなして自国で納付する税額から控除を認めるやり方です。一般に外国税額控除方式という名で呼ばれているやり方です。このやり方ですと、相手国の税率が異なったりしても全体で納付する税額は一緒になります。

4 外国税額控除制度

悠 でも、もし相手国で異常に高い税率で課税されてしまった場合はどうなるのですか？

川田教授 外国税額控除制度は、あくまで外国で支払った税金についてわが国での税率の範囲内で控除を認めるという制度です。

　したがって、わが国の実効税率を超えるような税率のものについてまで控除を認めるというものではありません。そこでわが国では、その負担割合がわが国のそれに比して著しく高い場合には、それらの限度超過分について外国税額控除の対象にすることとしています。このような考え方は、外国税額控除を認めている国において共通のものとなっています。

外国税額控除制度

1 国際的二重課税の排除が目的

川田教授 わが国では、居住者及び内国法人の全世界所得に対して課税するやり方が採用されています。その結果、居住者や内国法人が海外で所得(いわゆる「国外源泉所得」)を得た場合には、国内で得られた他の所得と合算したうえで課税されることになります。

しかし、源泉地国でそれらの所得に対し所得税や法人税が課されている場合には、同じ所得に対し、源泉地国と居住地であるわが国とで二重課税されることになってしまいます。一般に国際的二重課税と称されている現象です。このような国際的二重課税を排除するために設けられている制度が「外国税額控除制度」です。なお、「外国税額控除制度」は強制的なものではありません。したがって納税者は、これに代えてネットの手取分のみを課税所得に加える方法(い

●図表2−1　国際的な二重課税排除方式の仕組み【外国税額控除制度(支店形態)】

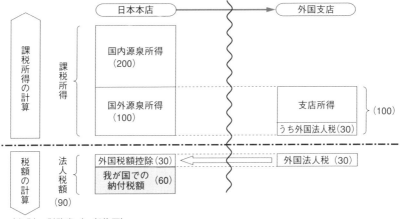

(出典)　財務省(一部修正)

● 図表2-2 「外国税額損金算入方式」を採用した場合の負担額

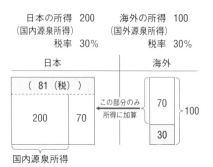

「外国税額損金算入方式」によった場合
$(200+70) \times \dfrac{30}{100} = 81$(日本での納付税額)

他に外国での納付分=30がありますので、合計負担額は111(=81+30)になります。

「外国税額控除方式」によった場合の合計税額は90($=(200+100) \times \dfrac{30}{100}$)となりますが、外国で納付済みとなった分30を控除しますので、日本での要納税額は、60となります。

日本と海外の合計負担額は、二重課税が解消されない前者の方が大きくなります。

わゆる「外国税額損金算入方式」)の選択も認められています。

ゆめは 先生、「外国税額控除制度」とは、具体的にはどんな制度なのですか? また、外国税額控除制度以外の国際的な二重課税救済措置はないのでしょうか?

川田教授 「外国税額控除制度」とは、国際的二重課税を排除するためのやり方の1つです。具体的には、図表2-1のイメージです。

　外国税額控除方式に代えて、ネットの受取金額を所得金額に加算するというやり方いわゆる外国税額損金算入方式も認められています(図表2-2)。しかし、その方式の下では、国際的二重課税を完全に解消することはできません。

2 外国税額控除の対象にできるのは?

健人 外国で納付した税であればすべて外国税額控除の対象にできるのでしょうか?

川田教授 そうではありません。

　外国税額控除の対象にできるのは、所得税の場合にあっては、外国政府によって所得を課税標準とするもの、法人税の場合であれば法人の所得を課税標準とするものに限られています(所法95、所令

Lesson 11　外国税額控除制度

●図表２－３　高率負担部分に関する具体的イメージ
前提：外国法人税の課税標準＝1,000、これに対する外国法人税率＝40％の場合

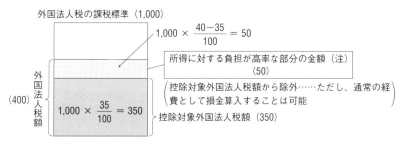

(注)　所得に対する負担が高率な部分の金額に該当するか否かの判断は、内国法人が納付することとなるそれぞれの外国法人税ごとに行うこととされています。

221、法法69、法令141～143）。また、控除対象であったとしてもわが国の税率を超えるいわゆる高率負担部分については控除できません（図表２－３）。

3　控除限度額

悠　控除対象外国税額であれば、外国で納付した分はすべて控除できるのでしょうか？

川田教授　そうではありません。たとえ源泉地国で所得に対して課された税であったとしても、わが国で納付すべき所得税（法人の場合にあっては、法人税）の範囲を超える部分は、対象になりません。
　具体的には、次の算式によって計算された金額が上限となります（所法95、法法69）。

（算　式）
① 所得税の場合

$$その年分の所得税の額 \times \frac{その年分の国外所得金額の総額}{その年分の所得金額の総額}$$

② 法人税の場合

$$法人の各事業年度の所得に対する法人税 \times \frac{当該事業年度における国外所得金額の総額}{当該事業年度における全世界所得金額}$$

4　間接税額控除方式は廃止

ゆめは　法人税ではかつて間接税額控除方式というやり方があったと聞きましたが、現在はどうなっているのでしょうか？

川田教授　間接税額控除方式は、支店形態で進出した場合と子会社形態で進出した場合とでわが国での扱いが異なるのは困る、という実務界からの要請で昭和37年に導入された制度です。しかし、平成21年度の税制改正で、外国子会社配当益金不算入制度が創設された（法法23の2）ことに伴い、この制度は廃止されました。

5　申告と納付の時期がズレる場合の対応

健人　国によっては、賦課課税方式が採用されていることなどにより、申告時期と納付時期が大きくズレることがあります。その場合、外国税額控除の適用は、「申告時期」又は「賦課があって納付した時期」のどちらの年分になるのでしょうか？

川田教授　よいところに気がつきました。わが国のように、申告納税制度によっている国においては、申告時期と納付時期は原則として一致しています。しかし、国によっては申告時期と納付時期がズレてしまうことがあります。

そのような場合、賦課があって「納付すべき額が確定した時期」ではなく、「申告により具体的に納付すべき租税債務が確定した日の属する年分」において適用することとなります。ただし、継続して「納付日」に外国税額控除を適用している場合、それも認められます（所基通95-3）。

●図表2-4　外国税額控除が適用されるタイミング

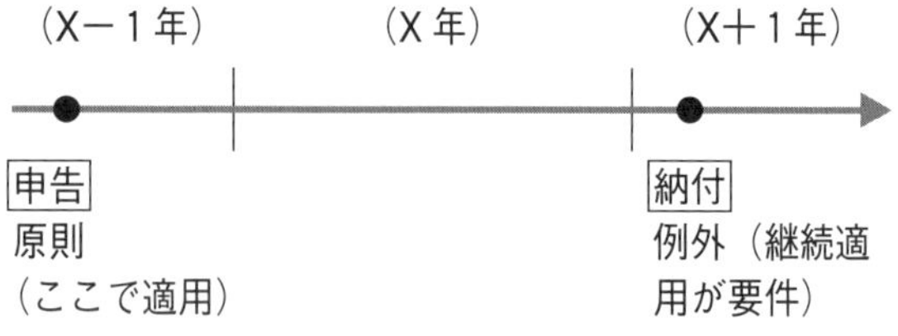

(X-1年)　　(X年)　　(X+1年)

申告 原則（ここで適用）

納付 例外（継続適用が要件）

具体的には、図表2-4のイメージです。

健人 外国税額控除は無制限に認められるものではなく、一定の限度が付されているとのことですが、その限度を超過した場合、超過分については一切控除が認められなくなるのでしょうか？

川田教授 申告時期と税の納付時期はズレることも少なくありません。

そこで、外国所得税額が控除限度額をオーバーしている場合、前3年間に控除限度額で使用されなかった部分があるときは、その分まで認められます（所法95②、法法69②・③）。具体的には次のようなイメージです。

●図表2-5 限度超過額（繰越控除対象外国法人税額）の繰越控除に関するイメージ

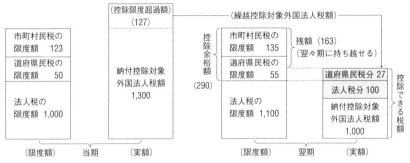

(注) この例では、当期に生じた控除限度超過額（127）は翌期ですべて利用できることになります。また、翌期に使い切れなかった控除余裕枠の残額は翌々期に持ち越せます。

●図表2-6 控除余裕額（繰越控除限度額）の繰越控除に関するイメージ

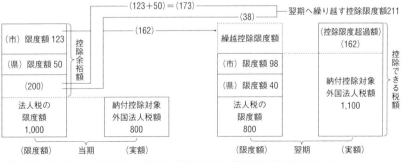

(注) 国税、地方税への充当順序は、①国税、②道府県民税、③市町村民税の順となります。

6 みなし外国税額控除

悠 「みなし外国税額控除」という制度があると聞きましたが、それはどのような制度なのでしょうか？

川田教授 「みなし外国税額控除」は、わが国と租税条約を締結している発展途上国等への投資促進の目的で設けられている制度です。

具体的には、現地であたかも所得税や法人税を支払ったかのようにみなして、わが国で外国税額控除を認めるというものです。

しかし、この制度については、OECDの場などで、日本企業を有利に扱うことになり不公平でないかというような意見もあったことから、現在は縮減の方向に向かっています。

7 外国税額控除の適用を受けるための手続

健人 外国税額控除は、実際に外国で税金を納付していれば、自動的に認められることになるのでしょうか？

川田教授 それは違います。外国税額控除の適用を受けるためには、確定申告書に①外国税額控除の適用を受けるべき金額、及び、②その計算に関する明細の記載があることに加え、③外国所得税を課されたことを証する書類の添付が必要とされています（新所法95④、新法法69⑯）。

8 相続税、贈与税等に係る外国税額控除

ゆめは 相続税や贈与税の分野においても、外国税額控除制度があるのでしょうか？

もし、あるとしたら、それはどのような形になっているのでしょうか？

川田教授 あります。わが国の場合、相続税、贈与税の納税義務者を

Lesson 11　外国税額控除制度

無制限納税義務者と制限納税義務者に区分（相法1の3、1の4）し、無制限納税義務者には、全世界所在財産について納税義務を課すこととしています（相法2①、2の2①）。

その結果、例えば相続又は贈与により国外にある財産を取得した場合において、その財産の所在地国でわが国の相続税又は贈与税に相当する税が課されていたとしますと、財産の所在地国とわが国で二重に課税されてしまうことになってしまいます。

そこで、このような国際的二重課税を防止するため、国外所在財産に対しわが国の相続税又は贈与税に相当する税が課されていた場合には、外国税額控除を認めることとしています（相法20の2、21の8）。

ただし、その場合であっても、次の算式により計算された金額が上限となります[*11]。

[*11]　すなわち、外国の法令により課された相続税又は贈与税の税額がわが国のそれよりも高率な場合には、超過部分については控除は認めないということです。なお、相続税・贈与税においてみなし外国税額控除制度はありません。

（算　式）

相続税又は贈与税総額 × (相続又は贈与によって取得した財産のうち国外に所在する財産の総額) / (相続又は贈与により取得した財産（課税価額）の総額)

外国子会社配当益金不算入制度

　法人が国内の子会社等から受け取った配当については、国際的二重課税排除という観点から、受取配当益金不算入制度が設けられています（法法23）。同様の見地から、法人が外国子会社等から受領した配当については、「間接外国税額控除制度」が採用されてきました。

　しかし、この制度の下では、外国で課された法人税の方がわが国のそれよりも低い場合には、わが国で追加納税が生じてしまうことなどもあって、法人が外国の子会社等に所得を留保したまま国内に還流させないというような事例も生じていました。

　そこで、平成21年度の税制改正で、内国法人が外国子会社等から受け取る剰余金の配当等のうち一定の要件を充足するものについて、益金の額に算入しないという制度（いわゆる「外国子会社配当益金不算入制度」）が創設されました（図表２－７）。

1　制度導入の目的

ゆめは　平成21年度の税制改正で外国子会社配当益金不算入制度が導入されたとのことですが、どうしてなのでしょう。それまでの「間接税額控除方式」で何か問題があったからなのでしょうか？

川田教授　国際的二重課税の防止策として、わが国では法人が外国で納付した法人税相当額をわが国で納付すべき法人税額から控除するというやり方（いわゆる「直接外国税額控除方式」）と外国で納付した法人税額相当分を内国法人の段階で損金に算入するやり方が採用されてきました。

　また、外国子会社が納付した外国法人税については、内国法人と外国の子会社は別人格にありますが、国際的二重課税を回避すると

いう観点から、外国子会社から受け取る配当のうち外国子会社等が納付した法人税相当額について外国税額控除を認めるやり方（いわゆる「間接外国税額控除方式」）が採用されてきました。

しかし、この制度の下では、外国の法人税率の方が低い場合には、結果的にわが国で追加の税負担が生じてしまうことなどもあり、国内の資金還流が進んでいませんでした（図表２－７上段）。

このようなことから、平成21年度になされた改正により、海外に

●図表２－７　外国子会社配当益金不算入制度と間接外国税額控除の比較

(1) 間接外国税額控除制度（改正前）

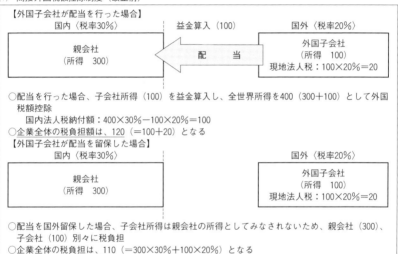

(2) 外国子会社配当益金不算入制度（改正後）
・持株割合25％（租税条約により異なる割合が定められている場合はその割合）以上で保有期間６月以上の子会社を対象
・配当額の95％相当額を益金不算入

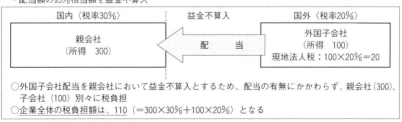

○外国子会社配当を親会社において益金不算入とするため、配当の有無にかかわらず、親会社（300）、子会社（100）別々に税負担
○企業全体の税負担額は、110（＝300×30％＋100×20％）となる

（出典）　財務省資料（一部修正）

留保された所得の国内への還流が促進され、ひいてはわが国の経済活性化にも資することができると期待されています。

2　外国子会社の定義

健人　本税制の適用対象となる「外国子会社」とは、具体的にどのようなものをいうのでしょうか？

川田教授　外国子会社配当益金不算入制度の適用が受けられる外国子会社は、内国法人によって「発行済株式の25％以上」を、「当該配当等の支払義務が確定する日前6月以上引き続き直接に保有されている法人」とされています（法令22の4①～④、図表2-7下段）。

　なお、租税条約で持株要件が緩和されていることもあります。その場合には租税条約の規定が適用になります（法令22の4⑤）。

　したがって、例えば日米条約では、持株割合10％以上が親子会社の要件とされていますので、10％以上の子会社から受取配当についてこの規定の適用が受けられるということになります。

3　外国源泉税等の損金不算入

悠　外国子会社からの受取配当であれば益金不算入は無制限に認められるのでしょうか？

川田教授　いえ、そうではありません。

　内国法人が外国子会社から受け取る配当等のうち、益金不算入となるのは、受取配当からその5％相当額を控除した残額（すなわち、受取配当の95％相当額）となっています。

　また、外国子会社等が配当等を支払う場合において、当該国で支払配当に対して源泉徴収がなされている場合には、当該源泉徴収分については損金の額に算入されないこととされています（法法39の2）。したがって、例えば外国子会社が300の配当をし、それに対し

Lesson 12　外国子会社配当益金不算入制度

源泉地国で20%の源泉徴収がされていたとしますと、300×20／100＝60相当分については損金の額に算入されないことになります（図表2－8、9）。

●図表2－8　外国子会社からの受取配当に係る益金不算入制度のイメージ

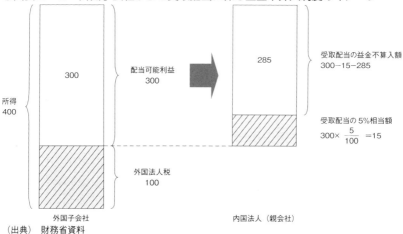

（出典）　財務省資料

●図表2－9　支払配当につき源泉地国で源泉徴収がなされた場合（源泉徴収税率20%だったとする）

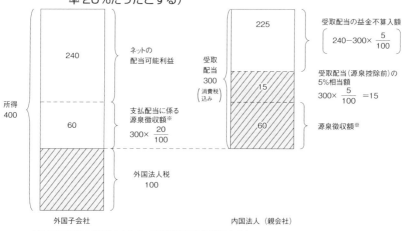

※この部分は損金の額にもならず、外国税額控除の対象にもならない。
（出典）　財務省資料

4　外国子会社合算税制との関係

悠　配当を支払う外国子会社が軽課税国所在で、そこで生じた所得についてわが国で合算課税を受けていた場合はどうなるのですか？

川田教授　軽課税国に所在する外国子会社（特定外国子会社）の所得で内国法人の所得に合算された部分からなされた配当については、国際的な二重課税を防止するという観点から、当該受取配当の全額を益金不算入としています。

5　外国子会社合算税制の適用除外子会社から受領した配当

悠　軽課税国所在の子会社のなかには、適用除外要件を充足していたため、合算課税を受けていないものもあると思います。それらの子会社から受領した配当はどのような取扱いになるのですか？

川田教授　そのような場合には、そもそも国際的二重課税が生じていません。

　したがって、通常の場合と同様に受取配当の95％相当額が益金不算入となります。すなわち、受取配当の5％相当部分については益金算入ということになります。

6　平成27年の税制改正による見直し

悠　外国子会社配当益金不算入制度については、平成27年度の税制改正で制度の見直しが行われたとのことですが、どのような点が改正されたのでしょうか？

川田教授　2013年7月にOECDとG20から公表された「税源浸食と利益移転（Base Erosion and Profit Shifting／一般にBEPSと略称）」の行動計画2では、源泉地国と居住地国で税務上の取扱いに差があ

Lesson 12　外国子会社配当益金不算入制度

●図表2－10　オーストラリアの優先株式のケース

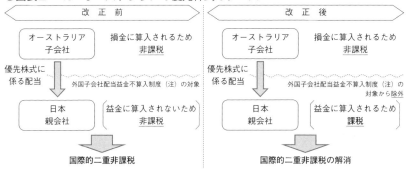

(注) この制度は平成28年4月1日以後に開始する事業年度から適用されることとなっていますが、日本の親会社が平成28年4月1日から平成30年3月31日までに開始する事業年度に受ける配当 (平成28年4月1日において関係する外国子会社に該当する外国法人の株式からの配当に限ります) については、従前どおりの扱いを受けることができることとされています。
(出典) 財務省

る取引等を利用し、いずれの国からも課税を受けない所得などのあることが問題となり、各国の当局に対しそれへの対応を求めています。

わが国の場合、例えば、オーストラリアの子会社が優先株を発行していたとしますと、オーストラリアではそれらの株式に係る配当については損金算入が認められています。

他方、わが国では外国子会社配当益金不算入制度により、受取配当の95％相当額が益金算入となっていることから、受取配当の95％相当分についてはいずれの国においても非課税となってしまいます。

そこで、平成27年の税制改正で例えばオーストラリアのように、子会社の所在地国で損金算入が認められる配当については、わが国の親会社の益金に算入した上で課税するという形に改められました。具体的には図表2－10のようなイメージです。

Column②

〜二重課税の排除をめぐるあれこれ〜

健人 いや〜、二重課税を排除するには、本当にさまざまな仕組みがあるんですね。それだけ納税者にとっても各国にとっても大きな問題ということなんですね！

川田教授 そのとおりです。全世界所得課税主義が採用されているわが国の個人や法人にとって、国際取引を行うにあたって最も気になるのが、源泉地国で課税された所得等がわが国でも課税されてしまうという国際的二重課税の問題です。

　このような問題に対応するため、わが国では、当初、外国税額損金算入方式が採用されてきました。

　しかし、そのようなやり方では、二重課税は完全には排除できませんでした。そのため昭和28年に、外国税額控除方式が採用され、さらに平成21年の改正で領域主義の考え方が一部導入され、外国子会社からの受取配当について益金不算入とする制度（外国子会社配当益金不算入制度）が創設されました。

ゆめは なるほど。制度の内容だけでなく、制度が改正された背景なども考えるとぐっと理解が早まりそうですね♪

悠 だけど、ゆめはさん。あんまり背景の歴史ばかりを考えていると、現在の流れがわからなくなってしまうから注意が必要よ。財務省や国税庁のHPなどでも最新の課題やテーマが随時更新されているので注視していくことも忘れないでね。

第3章

租税条約

Lesson 13 租税条約

　税制は、いわゆる「租税高権」に基づき、各国が自由にその仕組みをつくることができることとされています。

　しかし、最近のように経済取引が国境を越えて自由に行われるようになってくると、国際的な二重課税が生じたり、国と国の間の制度の差を利用した脱税や租税回避等が横行することにもなりかねません。そこで各国政府は、一方で自国の課税権を確保しつつ、他方で相手国の課税権にも配慮し、併せて国際的二重課税を回避する等の措置が必要になってきます。

　また、最近では、国際的な租税回避や脱税行為への対処についても、国際的な協力も必要になってきています。租税条約は、このような多面的な要請に応えることができるものとして、近年特にその重要性を増してきています。

　そこで、ここでは、この問題について取り上げることとします。

1　租税条約の役割

ゆめは　国際課税の分野においては、租税条約が重要な役割を果たしているとのことですが、どうしてなのでしょうか？

川田教授　各国政府は、それぞれの主権、いわゆる「租税高権」に基づき、自国の税制について、自由に制度設計できる権限を有しています。

　しかし、事業活動が国際的規模で行われるようになってきますと、同じ所得や財産について、相手国で課税された後に、自国で再度課税されるというような事態が数多く生じてきます。

　そこで、2国間における課税権の配分を調整し、併せて国際的な

二重課税を排除するため、両国政府があらかじめ合意しておくというシステムが必要になってきます。このような必要性から生まれたのが租税条約です[*12]。

[*12] わが国が最初に租税条約を締結したのは、米国との間で昭和29年（1954年）のことです。その後、徐々に拡大され、平成27年8月1日現在では64か国との間で租税条約が締結されています。なお、旧ソ連との条約などのように適用国がその後独立したことなどにより実際の条約適用対象国は90か国、地域となっています。

なお、租税条約は国際的な脱税や租税回避等への対応措置も講じられています。わが国の条約締結のベースとなっているOECDモデル条約でも次に見られるようにそれらの内容が盛り込まれています。

【OECDモデル租税条約の主な内容】

〇二重課税の回避

・源泉地国（所得が生ずる国）の課税できる所得の範囲の確定
　― 事業所得は、支店等の活動により得た所得のみに課税
　― 投資所得（配当、利子、使用料）は、税率の上限を設定
・居住地国における二重課税の排除方法
　― 外国税額控除等
・税務当局間の相互協議（仲裁を含む）による条約に適合しない課税の解消

〇脱税及び租税回避等への対応

・税務当局間の納税者情報（銀行機密を含む）の交換
・租税に関する徴収共助

2　租税条約の基本的仕組み

健人　租税条約の基本的な仕組みは、どのようになっているのですか？

川田教授　租税条約は、全体で30条程度の簡素なものです。その内容は、相手国が先進国の場合と途上国の場合で若干異なりますが、基本的には、次のような構成（全体で30条程度）になっています。

(1) 条約本文（Convention Text）
　第1章　条約の適用範囲
　　ここでは、対象となる者（法人を含む）や対象税目等について規定されています。
　第2章　定　　義
　　ここでは、条約で用いられる用語の定義規定が設けられています。なお、ここで定義されていない場合には、それぞれの国の国内法の定義によることになります。
　第3章　所得に対する課税
　　ここでは、事業活動・投資活動等の内容に応じた課税方法等が規定されています。
　第4章　財産に対する課税
　　わが国が締結している条約の場合、この部分に関する規定は設けられていません。
　第5章　二重課税の排除方法
　　わが国では、国内法で規定されていますが、国によってはそうでないことも多いため多くの条約でこの規定が設けられています。
　第6章　雑　　則
　　ここでは、無差別取扱い・相互協議・情報交換等について規定されています。近年、移転価格課税や国際的租税回避の事例が増加してきていることからこの部分の重要性が高まってきています。
　第7章　条約の効力発生時期及び終期等に関する規定
(2) 議定書（Protocol）
　この部分は、条約本文と一体をなすものであり、本文と同様に国会での承認（批准）が必要とされています。
(3) 交換公文（Exchange of Notes）
　これは、条約上の用語の意義等について、両国政府の間に差が生

じないように交換される文書です。したがって、この部分については、国会の批准対象外となっています。

3　租税条約締結交渉から発動まで

ゆめは　租税条約締結の交渉から発動までのプロセスはどのようになっているのでしょうか？

川田教授　租税条約は、①相手国との間の交渉から始まり、②実質合意、③署名という形で進みます。交渉自体は政府の仕事ですが、発動のためには国会の承認が必要です（憲法73三）。承認が得られますと、公文の交換を経て発動、公布ということになります。

4　国内法の定めと異なる場合は？

悠　租税条約では、国内法の定めと異なった内容の規定が設けられることがあると聞きました。そのような場合、どちらの規定が優先されるのでしょうか？

川田教授　租税条約上の規定です。国によっては（例えば米国）、後から成立した国内法が租税条約に優先する「後法優先の原則」が採用されている場合もありますが、わが国では、（国内法で租税条約に規定するところと異なった規定を設けたとしても）租税条約の規定が優先されることとされています[*13]。

[*13]　ちなみに憲法でも、「日本国が締結した条約及び確立された国際法規は、これを誠実に遵守することを必要とする」旨が規定されています（憲法98②）。

ご承知のように、国内法の分野では、租税特別措置法等の特例法は、一般法である所得税法や法人税法の規定に優先するという原則（特別法は一般法を破る）がありますが、租税条約は、国内法である租税特別措置法にも優先して適用されることになっています。

5 対先進国、途上国で違い

健人 わが国が締結している租税条約は、すべて同一内容のものとなっているのでしょうか？

川田教授 租税条約は、原則として2国間で締結されるものです。したがって、わが国の都合だけで合意できるというものではありません。

そこで、わが国の場合、対先進国との間の租税条約においては、先述したOECDモデル租税条約をベースにしつつ、相手国との間の状況等に応じ、それに若干の修正を加えることとしています。

また、発展途上国との間で締結される租税条約においては、途上国の立場をより尊重しつつ国連モデル条約等も加味したものとなっています。

6 国内法と規定が異なる分野

ゆめは 租税条約では国内法と異なる規定が設けられることがあるとのことですが、例えばどのような部分なのでしょうか？

川田教授 例えば、次のような点です。

(1) 者（person）と居住者（resident）

国内法では「者」や「居住者」は、通常の場合、個人のみを指す用語として用いられています。それに対し、租税条約では、個人のみならず法人及び法人以外の団体等を含む概念として用いられています。

(2) 特殊関連企業（Associated Enterprise）

この規定は、国内法で規定する「同族会社の行為計算否認規定」に近いものですが、国内法の場合と異なり、移転価格税制と同じ考え方が採用されています。また国際的な二重課税を排除するため、

相手国と相互協議で合意した場合には、相手国で「対応的調整（Correlative Adjustment）」を行う旨の規定が置かれています。

(3) 所得の種類に応じた課税上の取扱い

国内法の場合と異なり、租税条約では、自国で課税をしないこととしたり、課税する場合でも一定の限度にとどめることとしているものがあります。また、貸付金や使用料について、国内法では「使用地主義」が採用されていますが、租税条約では「債務者主義」の考え方が採用されています。ちなみに、OECDモデル条約では、課税権の配分は、図表３－１のようになっています（次頁参照）。

(4) 租税条約特有の規定

無差別取扱いや相互協議、情報交換に関する規定等は、国内法の分野では規定されていませんが、租税条約では、この種の規定は、二重課税排除及び国際的租税回避、脱税の防止等の観点から必要不可欠な規定となっています。

健人 恒久的施設や源泉徴収等についても、租税条約で特例規定が設けられていると聞きましたが、どのように異なっているのでしょうか？

川田教授

(1) 恒久的施設（PE）

国内法では、恒久的施設があれば、それに直接関係ない国内取引についても課税するという、いわゆる「総合主義（entire method）」によっていますが、租税条約では、「帰属主義（attributable method）」が採用されています[*14]。

*14 ただし、この部分については、平成26年度の税制改正で国内法においては帰属主義への見直しがなされています。

また、租税条約では、建設PEや代理人PEについて、国内法と異なった規定ぶりとなっているものも数多く存在しています。

● 図表3－1　OECDモデル租税条約の課税権の配分

所得及び資産の種類		源泉地国又は所在地国で制限なしに課税される所得等	源泉地国において制限的課税に服する所得等	源泉地国又は所在地国における課税が認められない所得等（居住地国で排他的課税）
6条	不動産所得	○		
7条	事業所得	○（恒久的施設（PE）に帰属する所得）		◎（PEに帰属しない所得）
8条	国際運輸所得	◎（実質的管理地国、排他的課税権）		
10条	配当		○（親子間5％、その他15％で源泉課税）	
11条	利子		○（10％で源泉課税）	
12条	使用料			◎
13条1項	不動産の譲渡	○		
13条2項	PEの事業用動産の譲渡	○		
13条3項	船舶・航空機の譲渡	◎（実質的管理地国、排他的課税権）		
13条4項	不動産化体株式の譲渡	○		
13条5項	その他財産の譲渡			◎
15条	給与所得			◎
16条	役員報酬	○（役員である法人の居住地国）		
17条	芸能人	○		
18条	退職年金			◎
19条1項a）	政府職員	◎（派遣国、排他的課税権）		
19条2項	政府職員の退職年金	◎（派遣国、排他的課税権）		
20条	学生			◎
21条	その他所得			◎
22条1項	不動産たる財産	○		
22条2項	PEの事業用動産	○		
22条3項	船舶・航空機	◎（実質的管理地国、排他的課税権）		
22条4項	その他の財産			◎

（注）◎は排他的課税権を示している。また、○は課税権を有している国を示している。
（出典）OECDモデル条約コメンタリーより抜粋

(2) 源泉徴収

　利子、配当、使用料について、国内に比し、より軽減された税率が適用されます。また、一定の要件を充足している場合には源泉地国での課税を免除することとしている条約もあります。

　したがって、非居住者に対する課税関係については、図表3－1だけでなく租税条約の規定についてもチェックが必要となってきます。

7　国内源泉所得への影響

悠　わが国では、多くの国と租税条約を締結しているとのことですが、国内源泉所得等について何か影響があるのでしょうか？

川田教授　租税条約のなかには、利子や使用料の源泉地に関する部分など国内法の規定と異なった規定ぶりとなっているものがあります。

　そこで、このような場合、国内法と租税条約のどちらの規定を優先して適用すべきかという点が問題となってきますが、わが国では、租税条約の規定を優先的に適用することとしています（憲法98②、所法162、法法139）。

　その結果、例えば利子等については使用地ではなく債務者の所在地が源泉地国となります。

国際間の税務協力(1)〜情報交換

1 税務当局間の情報交換

ゆめは 先生、税務当局間の協力にはどのような場合に行われるものがあるのでしょうか？

川田教授 税務当局間の協力は基本的には租税条約の規定するところによって行われます。

現在（平成27年8月1日時点）、わが国に64か国との間で2国間の租税条約を締結（適用は90か国）しているほか、多国間税務執行共助条約に署名しています。それらの条約では、情報交換や徴収共助に関する規定が設けられています。

健人 租税条約に基づく情報交換は納税者のコンプライアンス向上策としてきわめて有効だと聞きましたが、どうしてでしょうか？　また、情報交換にはいくつかの種類があるとのことですが、それらの具体的内容はどのようになっているのですか？

川田教授 企業や個人が行う国際的な取引については、国内で入手する情報だけでは事実関係を十分に把握できない場合があります。

しかし、調査権限の行使は国内のみに限られています。そのような場合、租税条約に規定する情報交換条項により外国のそれらの取引に係る情報を入手できれば事実関係の解明が可能になります。それは、外国の当局にとっても同様です。

このようなことから、わが国では各国との間で毎年数十万件にのぼる情報の交換を行っています。ちなみに、国際的レポートによればわが国の情報交換件数の推移は図表3−2のようになっています。また、情報交換には、同じく図表3−2後段に見るように、①要請

Lesson 14　国際間の税務協力(1)〜情報交換

●図表３−２　情報交換件数の推移とイメージ

(単位：千件)

事務年度	H21	H22	H23	H24	H25
情報交換件数	502	313	568	218	270

(注) 情報交換件数は、各事務年度に実際に受収・発送した件数です。

【税務当局間の情報交換のイメージ】

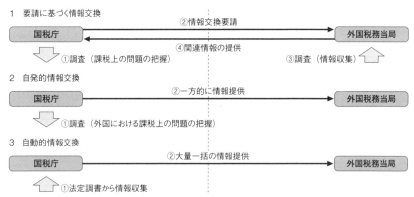

(出典) 財務省 (一部修正)

に基づく情報交換、②自発的情報交換、③自動的情報交換の３つがありますが、一部の国との間では調査担当官が直接会って具体的調査事項に関する情報交換、意見交換等を行っています[*15]。

さらに、国際的租税回避への対応や富裕層に関する情報交換について調査手法等に関する情報を交換する目的で「国際タックスシェルター情報センター（Joint International Tax Shelter Information Center／通称JITSICと略）」にも加盟しています。

*15　ちなみに、わが国が署名しているOECDの執行共助条約（第４条）では、情報交換を次の５種類に区分していますが、それだけに限定されるものではないとしています。

① 要請に基づく情報交換、② 自動的情報交換、

③ 自発的情報交換、④ 同時税務調査

⑤ 国外（外国）での税務調査

また、JITSICへの現在の加盟国は、日、米、英、独、仏、加、豪、中国、韓国

の9か国ですが、今後さらなる拡大が予定されています。

健人 要請に基づく情報交換、自発的情報交換、自動的情報交換とはそれぞれどのようなものをいうのでしょうか？

川田教授 執行共助条約では、それぞれの情報交換については、次のように規定されています。

(1) 要請に基づく情報交換（同条約5②）

この情報交換は、従来個別的情報交換と通称されてきたもので、情報提供の依頼を受けた国（被要請国）は、要請国の要請に基づき、要請のあった事案に関するすべての情報を要請国に提供しなければならないこととされています。

また、被要請国は、自国の課税簿書から得られる情報のみでは要請国からの情報提供の要請に応じることができない場合には、あらゆる適切な措置を採ることとされています。

要請は、原則として文書で行うこととされていますが、芸能人やプロスポーツの選手など、場所をかえて転々と移動している者や一時的に滞在している者に関する情報など緊急性が高いと判断されるケースについては、テレックスやファックスによる依頼も認められているほか、口頭で要請し、後で文書で要請内容を確認する方式も認められています。

(2) 自動的情報交換（同条約6）

自動的に交換される情報の典型例は、利子、配当等の源泉徴収に関するものです[16]。

[16] これは、従来2国間で活発に行われてきた情報交換をさらに多国間の情報交換に拡大しようというものです。この種の情報は、制度上定期的に入手でき、かつ、通常業務の一環として自動的に送付できる情報です。

(3) 自発的情報交換（同条約7）

このタイプの情報交換は、相手国からの事前要請なしに行われる

情報交換です。例えば、次のような状況において知り得た情報を他の締約国に提供する行為がこれに当たるとされています。
  (イ) 他の締約国において租税損失が発生していると推定できる場合
  (ロ) 納税義務者が、他の締約国の税額を増加させるような租税の減免又は免除を受けている場合
  (ハ) 第三国（複数を含む）経由の取引形態等が取られたことにより、両締約国のいずれか一方又は双方の締約国の租税負担が不当に軽減される結果になっている場合
  (ニ) 企業グループ間の利得を人為的に移転させることにより、租税の軽減を図っていると認められる場合
  (ホ) 他の締約国によって提供された情報又は当該情報に基づいて得られた情報が当該他の締約国における課税に役立つものである場合

(4) 同時税務調査（同条約8）

　同時税務調査とは、2以上の締約国が、それぞれ自国における税務調査を通じて取得した関連情報を交換することを目的として、共通の若しくは関連的に関心を有する納税者又は複数の納税者に係る課税関係の調査を、「同時に」、「それぞれ自国において」行うものです[*17]。

[*17] 同時税務調査については、1980年頃から多国籍企業を対象に米国とカナダの間及び米国と欧州諸国との間で2国間の租税条約に基づいて実施され、大きな成果をあげていたとされます。そこで、多国間執行共助条約は、これをさらに多国間に拡大して実施しようというものであり、もっともその効果が期待されているものの1つです。

　税務調査の効果がもっとも期待されている分野は、移転価格課税のような関連企業間の取引、例えば独立企業間価格の決定等に関する分野です。その他にも、例えば、タックスヘイブン国や第三国を利用した租税回避行為の発見にもきわめて有効な対応策とみなされ

ています。

(5) 国外(他国)での税務調査(同条約9)

　従来、租税条約に基づく情報交換は、原則として文書によって行われてきました。しかし、回答入手までに時間がかかりすぎるという問題があったため、緊急の対応が必要な国際間の人的役務の提供又はその仲介、芸能人等による巡業活動等に対しては、不十分な対応しか取れなかったケースが多かったようです。そこで、このような場合には、自国の税務調査にとって関心のあるケースについて、文書で照会し、相手国で調査をしてもらうことに代えて、税務当局の代表者が直接相手国に出向き、相手国の税務調査に立ち会うことが有益と思われるとしています。

　なお、これらの情報交換を行う場合において重要なことは、このようにして受領された情報は秘密として取り扱わなければならないということです(国条約22条)。

2　国内における体制整備

悠　自動的情報交換に関し、平成27年の税制改正でわが国の国内法が整備されたとのことですが、どのような点が整備されたのですか？

川田教授　G20サミット等で、各国税務当局間において非居住者の財産情報を自動的に交換すると公表したことを受け、平成27年の税制改正で次のような手当てが講じられました。

　租税条約等に基づいて金融口座情報を各国税務当局と自動的に交換するため、金融機関に対し、非居住者(条約相手国の個人・法人等)の金融機関情報の報告を求めるという制度が整備されたのです[18]。具体的には、図表3-3のようなイメージです。

　　*18　なお、金融機関には、平成29年から必要な手続を開始し、平成30年に初回の報告をしていただくこととしています。

Lesson 14　国際間の税務協力(1)〜情報交換

● 図表３−３　日本から外国への情報提供のイメージ

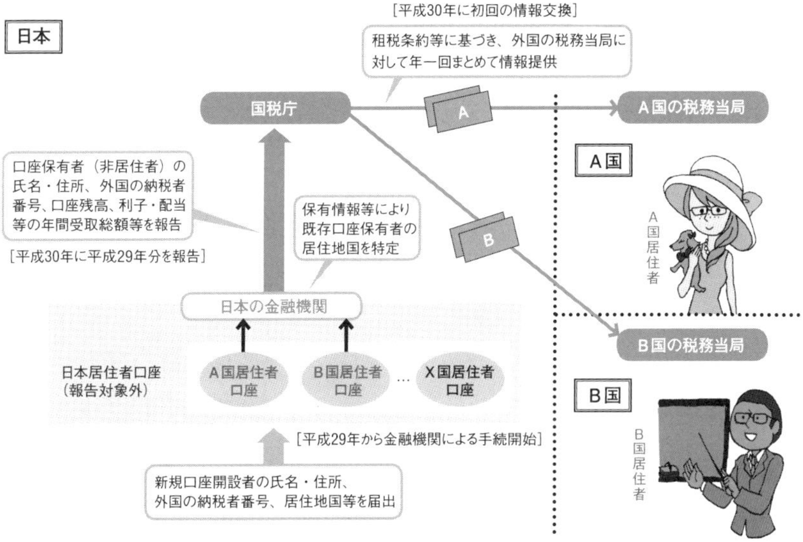

[平成30年に初回の情報交換]

日本

国税庁　→　A国の税務当局

租税条約等に基づき、外国の税務当局に対して年一回まとめて情報提供

A国

A国居住者

B国の税務当局

B国

B国居住者

口座保有者（非居住者）の氏名・住所、外国の納税者番号、口座残高、利子・配当等の年間受取総額等を報告
[平成30年に平成29年分を報告]

保有情報等により既存口座保有者の居住地国を特定

日本の金融機関

A国居住者口座　B国居住者口座　…　X国居住者口座

日本居住者口座（報告対象外）

[平成29年から金融機関による手続開始]

新規口座開設者の氏名・住所、外国の納税者番号、居住地国等を届出

(注) 日本から外国に対して情報提供を行うことにより、外国から日本に対し、その国の金融機関に保有される日本居住者の金融口座情報が提供されることとなります。
(出典) 財務省平成27年税制改正パンフレット

73

Lesson 15 国際間の税務協力(2)〜税務行政執行共助条約

　経済取引のグローバル化に伴い、ある国で生じた納税義務について、課税の対象となった資産を国外に移転させる等の手段により、最終的に税の支払を免れようとする事例が見られるようになってきています。
　このような事態に対処する各国政府は出国税や国外財産報告制度などをはじめとする自国の税制で対応してきました。しかし、それだけでは限界があります。そのため情報交換など国際間の協力体制が講じられるようになってきています。前項では「情報交換」を確認しましたが、ここでは「税務行政執行共助条約」を見ていきます。

1　税務行政執行共助条約の特色

ゆめは　2011年11月にわが国が署名した「税務執行共助条約」とは、どのようなもので、どのような点に特色があるのでしょうか。

川田教授　租税条約は、一般的には2国間で締結されるものです。それに対し、この条約（「税務行政執行共助条約（Convention on Mutual Administrative Assistance in Tax Matters）」）は、これに署名した国（条約締結国）の税務当局間で、税務行政に関する国際的な協力を行うための多国間条約であるという点で、それまでの条約と大きく異なります。

健人　条約の具体的内容等はどのようになっているのでしょうか。

川田教授　そもそも、この条約が署名のために開放されたのは、今から四半世紀近く前の1988年のことでした。
　開放当初は、署名する国はそれほど多くはありませんでしたが、2011年2月のG20財務大臣・中央銀行総裁会議で、本格的に署名することを奨励する共同声明がなされたことから、その年の11月3日

Lesson 15　国際間の税務協力(2)～税務行政執行共助条約

●図表３－４　徴収共助のイメージ

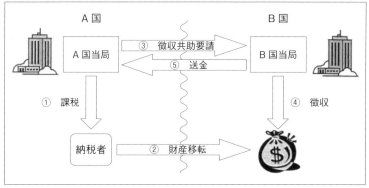

（出典）財務省

のG20カンヌサミットで、日本、トルコ、オーストラリアなど８か国が新規に署名に加わりました。

　その後さらに署名国が増加し、2012年３月29日現在で、英米などの主要先進国を含む35か国がこれに署名しています。

ゆめは　「税務執行共助条約」の具体的内容はどのようなものになっているのでしょうか。

川田教授　基本的には次の３点です。

① 　情報交換：参加国の税務当局間で租税に関する情報を交換する仕組み

② 　徴収共助：租税債権の徴収を外国の税務当局に依頼する仕組み

③ 　文書送達共助：税務文書の送達を外国の税務当局に依頼する仕組み

2　国内法との整合性～租税条約の規定がそのまま適用されるもの

悠　税務行政執行共助条約を実施するためには、国内法の整備が必要だと思うのですが、国内法でどのような手当てがなされたのでしょ

うか？

川田教授 よいところに気がつきました。ご承知のように、租税条約には、国内法の手当てを待たなくてもそのまま適用されるものと、国内法で所要の手当てが必要なものとがあります。

　例えば、所得の源泉地に関する規定をみてみますと、所得の源泉地について、租税条約で国内法と別異の規定が設けられている場合には、租税条約の規定が国内法に優先して適用されることとなっています（所法162、法法139）。

　また源泉徴収税率についても、国内法では、利子は15％（復興税を含め、15.315％）、配当と使用料については20％（復興税を含め、20.42％）となっていますが、租税条約ではそれよりも低い税率としており、受け手が条約締結相手国の居住者である場合には、租税条約上の軽減税率が適用になります。

3　租税条約に規定はあるものの、それを補充する国内法の手当てが必要とされるもの

川田教授 なお、税務行政執行共助条約の規定のなかには、それをそのまま国内に適用することとした場合には、国内法と競合してしまうものも含まれています。

　例えば、国内法（徴収法8）では、国税は別段の定めがある場合を除き、全ての公課その他の債権に先立って徴収できることとされています（いわゆる「国税優先の原則」です）。

　しかし、同条約では、一般私債権者の債権回収機会を損なうことのないようにするため、外国租税債権には優先権を認めないこととしています。

　そのため、国内法の手当てがないと、外国租税債権について、国内法によって徴収すべきなのかそれとも租税条約の規定に基づいて

Lesson 15 国際間の税務協力(2)〜税務行政執行共助条約

徴収すべきなのかという問題が生じてしまいます。

そこで、平成24年度の税制改正で、外国租税債権には国税優先の原則を適用しないこととする手当てが講じられました。

悠 それ以外にも国内法で措置された事項があるようですが、どのようなものがあったのか簡単に紹介していただけませんか。

川田教授 徴収共助は、相互主義が原則であり、自国の利益を犠牲にしてまで行うものではありません。

そこで、例えばわが国の国益に悪影響の及ぶ場合や相手国で納税者の権利救済の機会が確保されていない場合などについては、共助に応じない旨の規定が設けられています。

なお、徴収共助をより効果あるものとするため、共助対象外国租税の滞納処分に係る滞納処分免脱罪（2年以下の懲役又は150万円以下の罰金）及び共助徴収外国租税の滞納処分のための財産調査に係る秩序犯（6月以下の懲役又は50万円以下の罰金）等といった罰則規定の整備もあわせて行われています。

国際間の税務協力(3)〜多国間協定

ゆめは 先生！ 多国間執行共助条約以外に、現在議論になっている多国間の協力制度があると聞きましたが、それはどのようなものなのでしょうか。

川田教授 よくご存知ですね。多国間の協力体制についてはOECDとG20の共同作業で行われているBEPS行動計画15においてBEPS対策措置を効果的に実現させるための手段として、多国間協定の開発に関する国際法の課題を分析するとともに、その後2015年12月を目標に多国間協定を開発することとしています。

健人 租税条約については二国間条約があり、執行面においては多国間条約があるのに、どうして新たな多国間協定が必要なのでしょうか？

川田教授 BEPS行動計画を通じて策定される各種勧告の実施のためには、各国間で締結されている二国間租税条約を改正する必要があります。

　しかし、この改正ということになれば、わが国の場合だけでも90か国との間の交渉が必要になりますし、世界的には約3,000の条約改正が必要となります。しかし、このような条約改正には膨大な時間と労力が必要となってきます。そこで、二国間租税条約を多国間の枠組みで一挙に改正することで、BEPS対策の迅速な実施を図ろうということとなったわけです。

　ちなみに、多国間協定の開発に関するイメージは図表3－5のようになっています。

悠 多国間協定等が策定されたとして、その後の手続はどのようになっているのでしょうか。

Lesson 16　国際間の税務協力(3)〜多国間協定

●図表3−5　BEPS行動計画・行動15　多国間協定の開発

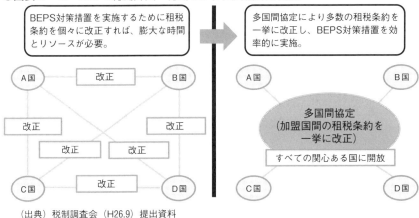

（出典）税制調査会（H26.9）提出資料

川田教授　基本的には、多国間執行共助条約と同じ手法になることになると思われます。すなわち、多国間協定がすべての関心ある国に開放され、関心のある国がそれに署名することで、署名国内では二国間条約の改正交渉なしにBEPS対策措置の実施が可能になります。

Column③

～租税条約の拡大～

川田教授 租税条約は、国際間における課税権の配分について合意と国際的二重課税の排除及び国際的な脱税及び租税回避の防止を目的として創設された制度です。

　わが国では、昭和30年（1955年）に米国との間で租税条約を締結して以来、現在まで64か国（適用対象は90か国）との間で租税条約を締結しています。

ゆめは 外務省のHPで調べると、いまの世界の国々が196か国ですよね。そうすると、世界の約3割の国々と条約が拡大しているということになりますね。

健人 それだけ、経済活動がグローバル化してきたということですね。

川田教授 ええ、おっしゃるとおりです。

　当初は、国際的二重課税の防止に重点が置かれてきましたが、最近では国際的租税回避や条約の濫用防止にウェイトが置かれるようになってきています。

　その典型例が、濫用防止規定の導入と情報交換の法制化です。

　さらに、二国間条約だけでなく、税務執行共助条約に見られるように多国間条約への関心も高まってきています。

第4章
国際的租税回避の防止措置

国外送金等調書制度

「国外送金等調書制度」は、外国為替取引法（外為法）の自由化に伴い、国外への送金や国外からわが国に向けての送金が自由になったことから、納税義務者の外国為替その他の対外取引及び国外にある資産の国税当局による把握に資するため平成9年（施行は平成10年4月1日以降）に設けられた制度です。

そこで、ここではこの制度について見ていくこととします。

1 国外送金等調書制度の概要

ゆめは 「国外送金等調書制度」とは、そもそもどのような制度なのでしょうか？

川田教授 「国外送金等調書制度」とは、国外への送金及び国外からの送金（いわゆる受金）を受領した金額が1回当たり100万円（平成21年4月1日以降の分。それ以前の分については200万円）を超えるものについて、金融機関から税務署に報告される法定の報告制度です。

ちなみに、その報告は図表4－1に掲げる様式により各人別に行うこととされています。

2 国外送金等調書の提出枚数

悠 ところで先生、この「国外送金等調書」は、年間どれくらい提出されているのですか？　また、それらの資料は、実務上どのような形で活用されているのですか？

川田教授 国税庁レポート（2015年版）によりますと、平成25事務年度（平成25年7月1日～平成26年6月30日）における国外送金等調

Lesson 17　国外送金等調書制度

●図表4－1　国外送金等調書の様式

平成　年分　国 外 送 金 等 調 書

国内の送金者又は受領者	住所(居所)又は所在地						
	氏名又は名称						
国外送金等区分		1.国外送金・2.国外からの送金等の受領		国外送金等年月日		年　　月　　日	
国外の送金者又は受領者の氏名又は名称							
国外の銀行等の営業所等の名称							
取次ぎ等に係る金融機関の営業所等の名称							
国外送金等に係る相手国名							
本人口座の種類		普通預金・当座預金・その他（　　　　　）			本人口座の番号		
国外送金等の金額	外貨額			外貨名		送金原因	
	円換算額				（円）		
（備考）							
提 出 者	住所(居所)又は所在地						
	氏名又は名称				（電話）		
整 理 欄	①			②			

（出典）国税庁ホームページより

●図表4－2　国外送金等調書の提出枚数の推移

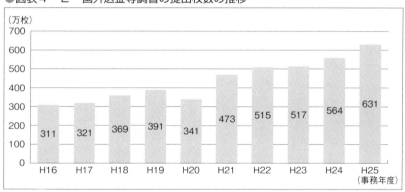

（注1）平成21年4月より提出基準が200万円超から100万円超に引き下げられています。
（注2）ちなみに、この制度がスタートした平成10事務年度の提出件数は244万件でした。
（出典）国税庁レポート（2015）

　　書の提出件数は、合計で631万枚となっています。
　そして、このような形で提出された資料は「おたずね」なども活用したうえで調査対象選定等に活用されています（図表4－2）。

3　不提出の際の罰則

ゆめは　もし、これらの調書を提出しなかった場合、誰にペナルティ等が課されるのでしょうか……。

川田教授　「国外送金等調書」は、金融機関が提出することとされています（国外送金等調書法4①）が、1回当たり100万円超の国外送金等を行う者は、金融機関に対し、①その者の氏名又は名称、②住所、③その他の事項を「告知書」の形で金融機関宛に提出しなければならないこととされています（国外送金等調書法3①・②）。

　そして、それらの義務に違反した場合には、「告知書」の提出義務違反又は「国外送金等調書」提出義務違反として、それらの者に対し1年以下の懲役又は50万円以下の罰金刑が科されることとなっています（国外送金等調書法9）。

　また、これらに関連して当該職員の質問検査を拒み、妨げ、若しくは忌避したとき、及び質問検査に際し偽りの記載又は記録をした帳簿書類を提出したときも同様とされています（国外送金等調書法9三・四）。

国外財産調書制度

近年、国外財産に係る所得や相続財産の申告漏れが増加傾向にあります。そこで、平成24年度の税制改正で、内国税の適正な課税及び徴収に資するため、一定額（5,000万円）を超える国外財産を保有する居住者に対し、その保有する国外財産に係る調書の提出を求める制度（「国外財産調書制度」）が創設されました。そこで、ここではこの制度の概要について見ていくこととします。

1 国外財産調書制度の概要

ゆめは 平成24年度の税制改正で「国外財産調書制度」が創設されたと聞きましたが、それはどのような制度なのでしょう？

また、諸外国でも同様の制度が設けられているのでしょうか？

川田教授 「国外財産調書制度」は、内国税の適正な課税及び徴収に資するため、一定額（5,000万円）を超える国外財産を保有する個人（居住者に限る）に対し、その保有する国外財産について税務署に報告してもらうという制度です（図表4－3）。

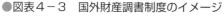

●図表4－3　国外財産調書制度のイメージ

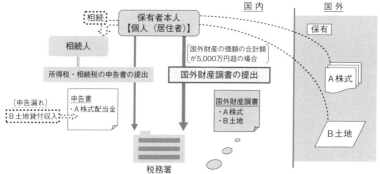

（出典）　財務省資料

●図表４－４　諸外国における「外国資産報告制度」の概要

	報告者等	違反があった場合の措置
米	○①残高１万ドル超の外国金融口座、②５万ドル超の特定外国金融資産（外国預金口座、外国法人が発行する有価証券等）を保有する個人・法人等	○①の場合、当該口座に係る情報の未報告について、口座１件当たり１万ドル以下の制裁金（故意の場合は10万ドルと口座残高の50％のいずれか高い金額の制裁金）。また、刑事罰として、５年以下の懲役若しくは25万ドル以下の罰金またはその併科。 ○②の場合、当該金融資産に係る過少申告額の40％（通常20％）の制裁金。また、刑事罰として、１年以下の懲役若しくは2.5万ドル（法人は10万ドル）以下の罰金またはその併科。
独	○外国法人の10％以上の持分等を保有する個人・法人等	○未報告の場合、5,000ユーロ以下の制裁金。
仏	○外国金融口座、外国生命保険契約を保有する個人	○未報告の口座１件当たり1,500ユーロの制裁金。なお、情報交換協定等未締結国に保有する未報告口座については１万ユーロの制裁金。 ○未報告の保険契約に係る払込額の25％の制裁金。
加	○合計10万ドル超の外国資産を保有する個人・法人等	○以下のいずれかの金額の制裁金が課される。 ー未報告の場合、督促後違反継続期間中、１日25ドルの制裁金（最低100ドル、最高2,500ドル） ー故意による未報告の場合、督促後違反継続期間中、月1,000ドルの制裁金（最高24,000ドル） ー24ヶ月以上の未報告の場合、未報告額の５％。
豪	○合計５万ドル以上の外国資産、外国法人の10％以上の持分等を保有する個人	○未報告の場合、最大で１年以下の懲役もしくは5,500ドル以下の罰金またはその併科。
韓	○合計10億ウォン超の外国金融口座を保有する個人・法人	○未報告の場合、口座残高の10％以下の制裁金等。

（注）これらの国では、居住者が未報告の外国口座等からの所得を自主的に申告した場合に制裁金などを軽減する仕組み等を時限的または恒久的に採用し、コンプライアンスの履行を促進することとしています。
（出典）税制調査会（H23.11.8）提出資料

　　　これと同様の制度は諸外国においても設けられています（図表４－４）。

2　制度創設の背景

健人　どうしてこのような制度の導入が必要になってきたのでしょうか？

川田教授　よい質問ですね。このような制度が創設されることになったのは、近年国外財産に係る所得や相続財産の申告漏れが増加してきているためです。

　一例ですが、図表４－５を見てください。この図によると、平成18事務年度から平成21事務年度の間で所得税に係る国外財産の申告漏れ金額（１件当たり）は、1,841万円から3,390万円へと約２倍近

Lesson 18 国外財産調書制度

●図表４−５ 国外財産に関する保有・申告漏れの状況

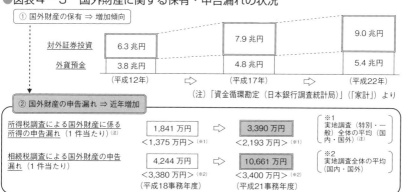

(注) 国外財産に係る「所得の申告漏れ」の計数は、サンプル調査によるもの。
(出典) 国税庁

く増加しています。また、相続税分野では4,244万円から１億661万円と約2.5倍になっています。

3 国外財産とは

健人 ところで、国外財産調書により報告すべしとされている国外財産とは、具体的にどのようなものをいうのでしょうか？

川田教授 そこでいう「国外財産」とは、国外にある財産です。国外にあるか否かの判定は財産の種類ごとにその年の12月31日に行うこととされています（基本的には相続税法10条１項及び２項により判定することとされています）。

4 加算税の優遇・加罰措置

悠 この制度を有効に機能させるためには納税者の協力が必要だと思いますが、そのための手立ては何か講じられているのでしょうか。

川田教授 国外財産調書制度を創設したとしても、それらの調書が正しい形で報告されなければ、制度自体が無意味になってしまいます。そこで、次のような措置が講じられています。

国外財産に関する所得等の申告漏れが発覚した場合において、
① 国外財産調書に国外財産の記載がある部分については、過少（無）申告加算税を5％軽減（所得税・相続税）【優遇措置】
② 国外財産調書の不提出・記載不備に係る部分については、過少（無）申告加算税を5％加重（所得税）【加重措置】

なお、故意の調書不提出・虚偽記載についての罰則（1年以下の懲役又は50万円以下の罰金）についても、あわせて整備されています（情状による免除規定も設けられています）。

ちなみに、米国などでは国外財産の意図的な報告漏れに対し、高額のペナルティが賦課されることとなっています（図表4－4参照）。

出国税（国外転出時の資産所得課税の特例）

1　多くの諸外国で導入

　多額の資産を有する富裕層（High-net-worth Individual／HNWIと略）の人たちが、相続税や贈与税のない国又は国外での資産譲渡に係る課税のない国などに移住することによる租税回避行為については、BEPS（行動計画6）でも問題視され、各国政府に対し早急に対応の手当を講じるようにとの提言がなされています。

　しかも、出国時に一定金額以上の資産を保有している者にその時点でそれらの資産の譲渡があったとみなして課税する制度（Exit Tax又はExpatriot Tax）は、次頁の図表4−6に見るようにすでに多くの国で採用されています。

2　出国税（国外転出時の特例）とは

ゆめは　平成27年の税制改正で「出国税」という新しい税制が創設されたと聞きましたが、どのような制度で、また、どうしてそのような税制が創設されることになったのでしょうか？

川田教授　「出国税」とは、国外に移住するなどの目的で転出する居住者に対して、国外転出時において有する有価証券等のうち1億円以上を有する場合、国外転出時にその時における時価に相当する金額により、その有価証券等の譲渡があったものとみなして所得税を課税するという制度です（所法60の2〜4、95の2、137の2・3、151の2〜153の5、166の2）。

　なお、同様の制度は主要国でも設けられています（図表4−6参照）。

●図表4－6　諸外国における出国に係る譲渡所得課税の特例の概要

	アメリカ	ドイツ	フランス	カナダ	イギリス(注3)
導入年度	2008年(注1)	1972年	2011年(注2)	1972年	1998年
対象者	国籍離脱者・永住権放棄者	国外に移住し非居住者となる者	国外に移住し非居住者となる者	国外に移住し非居住者となる者	一時的非居住者〔出国から5年以内に帰国した者〕
課税時期	国籍離脱・永住権放棄時	出国時	出国時	出国時	帰国時
課税対象	国籍離脱・永住権放棄時に有する資産一般の未実現のキャピタルゲイン	出国時に有する株式の未実現のキャピタルゲイン	出国時に有する金融資産の未実現のキャピタルゲイン	出国時に有する資産一般の未実現のキャピタルゲイン	出国時に有する資産一般の、出国期間中に実現したキャピタルゲイン
資産要件	純資産200万ドル以上	1社について1％を超える株式	80万ユーロ超の金融資産又は1社について50％を超える株式	―	―

（注1）アメリカは、1967年より国籍離脱者・永住権放棄者に対して、国籍離脱・永住権放棄後10年間、米国源泉所得に対し、引き続き国籍・永住権を保持していた場合と同様の課税を行うという特例制度を有していたが、2008年より、資産一般を対象として、国籍離脱・永住権放棄の時点で、未実現のキャピタルゲインに対し譲渡所得課税を行うという現行制度に変更した。
（注2）フランスは、1999年にも同様の趣旨の制度を導入したが、EU域内の人の移動を制限する措置であるとの理由から、2004年に欧州司法裁判所の判決により一旦制度を廃止。その上で、含み益が実現するまで納税猶予を認めることとして、2011年より再導入した。
（注3）イギリスは、国外に移住し一時的に非居住者となった後、5年以内に再び帰国した者を対象に、出国中に生じたキャピタルゲインについて、帰国時に発生したものとみなして、帰国時に譲渡所得課税を行う。
（出典）税制調査会提出（H26.11月）提出資料

健人　そのような税制が急に導入されることになったのはどうしてなのでしょうか？

川田教授　わが国と租税条約を締結している国のなかには、株式等を売却したものが居住している国において、それらの株式等の譲渡により国外で実現したキャピタルゲインに対し、課税しないこととしている国があります（例えば、シンガポール、ニュージーランド、香港など）。

　そのため、居住者のなかにはこれらの特例を享受するため自己の保有する株式等を保有したままそのような軽課税国に転出（移住）し、その国に移住後にそれらの株式を売却することにより、わが国及び移住先の双方でキャピタルゲイン課税を受けない者が散見されるようになりました。

　このような租税条約を利用した国際的な二重非課税の問題につい

Lesson 19 出国税(国外転出時の資産所得課税の特例)

●図表4-7 キャピタルゲイン非課税国への永住者数の推移

国名	永住者数					【単位:人数】
	平成8年	平成13年	平成18年	平成23年	平成24年	平成25年
シンガポール	813 [100]	961 [118]	1,302 [160]	1,578 [194]	1,692 [208]	1,852 [228]
香港	1,017 [100]	418 [41]	825 [81]	1,604 [158]	1,924 [189]	2,151 [212]
ニュージーランド	2,517 [100]	3,953 [157]	5,367 [213]	7,562 [300]	8,049 [320]	8,444 [335]
スイス	2,375 [100]	3,289 [138]	3,742 [158]	4,386 [185]	4,550 [192]	4,719 [199]

(注)「永住者数」には各年10月1日時点において永住権を認められている邦人等の数、[ ]内には平成8年の永住者数を基準(100)とした場合の各年の指数を記載(「海外在留邦人数調査統計」(外務省)の平成9、14、19、24、25、26年速報値等から作成。)。
(出典)税制調査会(H26.11月)提出資料

ては、OECDやG20でも問題視されています[19]。

[19] ここでいう有価証券等には、所得税法に規定する有価証券だけでなく、匿名組合等契約の出資の持分も含まれます。また、決済していないデリバティブ取引、信用取引、若しくは発行日取引に係る契約等も含まれます。

ちなみに、OECD及びG20が共同で作成した「税源浸食と利益移転(いわゆるBEPS)」の行動計画6では、このような租税条約の濫用に対し、各国の当局は早急に所要の手当を講じるように求めていますが、多くの国ではすでにこのような制度が設けられています。今回の出国税制度創設には、このような背景もあります。

悠 出国時に手許資金等がない場合には、どうすればよいのでしょう。また、中途で帰国したときにはどうなるのでしょうか?

川田教授 本税制の対象となる居住者であって国外転出時に手許資金がないなどの場合には、転出の日の属する年分の確定申告書に納税猶予を受けようとする旨の記載を条件に、当該転出の日から5年を経過する日まで納税の猶予を受けることができることとされています[20]。

[20] この期間は届出をすることにより、10年までの延長が認められています。ただ

し、納税猶予の期間にそれらの株式等を譲渡した場合には、それらの譲渡があった日から4月を経過する日をもってその期間が終了することとされています。

なお、本件課税を受けるべき者が転出の日から5年を経過する日までに帰国した場合において、その者が国外転出時において有していた有価証券等のうち国外転出後も引き続き有しているものについては、譲渡がなかったものとして取り扱われることになっています。

健人 仮に非居住者に贈与した場合はどうなるのでしょう？

川田教授 居住者が自己の有する有価証券等を贈与等により非居住者に移転した場合には、当該贈与等の時における時価により譲渡があったものとみなして、居住者に対し譲渡所得課税がなされることとされています。

なお、国外転出時にこれらの株式を実際に譲渡した場合には、国外転出時に課税を受けた時価相当額まで取得価額を引上げることとされています。具体的には図表4-8のようなイメージです。

3 財産債務明細書の見直し

悠 出国税との関係で、財産債務明細書についても見直しがなされたとのことですが、どのような点が見直されたのでしょうか？

川田教授 所得税・相続税の申告の適正性を確保する観点から、平成27年の改正で財産債務明細書が見直され、「財産債務調書」として整備されました。

具体的には、所得2,000万円超で、かつ、純資産3億円以上又は有価証券等の保有高が1億円以上の者に財産債務調書の提出が義務付けられています[21]。

[21] その場合における記載ですが、不動産については所在地別に、有価証券等については銘柄別に行うこととされています。さらに、有価証券等については、出国税に活用する観点から取得価額も併記することが求められています。

Lesson 19　出国税（国外転出時の資産所得課税の特例）

●図表４－８　国外転出時の課税イメージ

（注）なお、国外転出時にこれらの株式を実際に譲渡した場合には、国外転出時に課税を受けた時価相当額まで取得価額を引き上げることとされています。
（出典）財務省

健人　いつから適用になるのでしょうか？　また、提出しないと罰則が適用されるのでしょうか？

川田教授　適用は平成28年１月１日以後に提出すべき財産債務明細書からということになっています。また、不提出及び虚偽記載に係る罰則規定は設けられていませんが、過少申告加算税の加重軽減措置が講じられています。

税源浸食と利益移転（BEPS）行動計画

　グローバル企業が税制の隙間や抜け穴を利用した節税対策により税負担を軽減しているという問題は、リーマン・ショック後に財政状況が悪化し、より多くの国民負担を求めざるを得ない各国政府当局にとってより顕在化してきています。

　この問題については、2012年6月、OECD租税委員会が「税源浸食と利益移転（Base Erosion and Profit Shifting／いわゆるBEPS）」に関するプロジェクトを立ち上げ、その後2013年7月19日、20日にモスクワで開催されたG20財務大臣・中央銀行総裁会議でも支持され、OECD非加盟の8か国を加えたところで「OECD／G20 BEPS プロジェクト」がスタートしました。これを踏まえ、2015年12月末までの合意をめざし、検討がなされています。

●図表4-9　BEPSの問題点

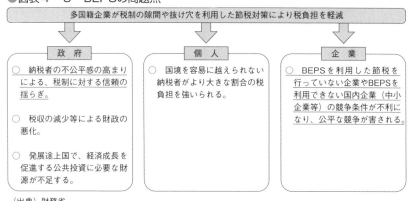

（出典）財務省

Lesson 20　税源浸食と利益移転（BEPS）行動計画

1　税源浸食と利益移転（BEPS）

ゆめは　最近、BEPSという言葉をよく耳にしますが、一体どういうもので、どのような国がそこに参加しているのでしょうか？

川田教授　「BEPS」は、Base Erosion and Profit Shiftingの略で、日本語では「税源浸食と利益移転」という語訳がなされています。リーマン・ショック後、各国政府は財政状況の悪化にみまわれ、国民に対しより多くの租税負担を求めざるを得ないようになりました。しかし、グローバル企業が税制の隙間や抜け穴を利用した、行き過ぎた節税対策により自己の税負担を軽減しているということでは税負担の増加を求める訴えも効果がなくなってしまいます。

　BEPSが関心を集めるようになったのは、このように納税者感情の反映でもあります。また、BEPSに関する検討は当初（2012年7月当初）は、OECD加盟国のみで行われていましたが、この問題についてG20でも高い関心が寄せられていたことから、2013年からは「OECD／G20　BEPSプロジェクト」として、G20のメンバーではあるもののOECD加盟国である中国、インド、ロシア、アルゼンチン、ブラジル、インドネシア、サウジアラビア、南アフリカの8か国を加えるまでに拡大されています。

2　BEPS行動計画のインパクト

健人　BEPSで取り上げられている問題点はどのようなものがあるのでしょうか？

川田教授　OECD租税委員会（議長：浅川財務省国際局長）が2013年7月19日に公表したBEPS行動計画では、具体的に取り組むべき問題点として次の15点が取り上げられています（次頁参照）。

悠　BEPS行動計画はわが国の税制にどのようなインパクトを及ぼし

●図表4-10　OECD租税委員会　BEPS行動計画（概要）

行動	概要	期限
1	**電子商取引課税** 電子商取引により、他国から遠隔で販売、サービス提供等の経済活動ができることに鑑みて、電子商取引に対する直接税・間接税のあり方を検討する報告書を作成。	2014年9月
2	**ハイブリッド・ミスマッチの効果の無効化** ハイブリッド・ミスマッチとは、金融商品や事業体に対する複数国間における税務上の取扱いの差異であり、これを利用した税負担の軽減が問題視されている。ハイブリッド・ミスマッチの効果を無効化する国内法上の措置を勧告するとともに、モデル条約の規定を策定する。	2014年9月
3	**外国子会社合算税制の強化** 外国子会社合算税制（一定以下の課税しか受けていない外国子会社への利益移転を防ぐため、外国子会社の利益を親会社の利益に合算）に関して、各国が最低限導入すべき国内法の基準について勧告を策定する。	2015年9月
4	**利子等の損金算入を通じた税源浸食の制限** 支払利子等の損金算入を制限する措置の設計に関して、各国が最低限導入すべき国内法の基準について勧告を策定する。	2015年9月
	また、親子会社間等の金融取引に関する移転価格ガイドラインを策定する。	2015年12月
5	**有害税制への対抗** OECDの定義する「有害税制」について ① 現在の枠組み（透明性や実質的活動等に焦点）に基づき、加盟国の優遇税制を審査する。	2014年9月
	② 現在の枠組み（透明性や実質的活動等に焦点）に基づき、OECD非加盟国を関与させる。	2015年9月
	③ 現在の枠組みの改定・追加を検討。	2015年12月
6	**租税条約濫用の防止** 条約締約国でない第三国の個人・法人等が不当に租税条約の特典を享受する濫用を防止するためのモデル条約規定及び国内法に関する勧告を策定する。	2014年9月
7	**恒久的施設（PE）認定の人為的回避の防止** 人為的に恒久的施設の認定を免れることを防止するために、租税条約の恒久的施設（PE：Permanent Establishment）の定義を変更する。	2015年9月
8	**移転価格税制（①無形資産）** 親子会社間等で、特許等の無形資産を移転することで生じるBEPSを防止するルールを策定する（移転価格ガイドラインの改訂）。	2014年9月
	また、価格付けが困難な無形資産の移転に関する特別ルールを策定する。	2015年9月
9	**移転価格税制（②リスクと資本）** 親子会社間等のリスクの移転又は資本の過剰な配分によるBEPSを防止する国内法に関する移転価格ガイドラインを策定する。	2015年9月
10	**移転価格税制（③他の租税回避の可能性が高い取引）** 非関連者との間では非常に稀にしか発生しない取引や管理報酬の支払いを関与させることで生じるBEPSを防止する国内法に関する移転価格ガイドラインを策定する。	2015年9月
11	BEPSの規模や経済的効果の指標を政府からOECDに集約し、分析する方法を策定する。	2015年9月
12	**タックス・プランニングの報告義務** タックス・プランニングを政府に報告する国内法上の義務規定に関する勧告を策定する。	2015年9月
13	**移転価格関連の文書化の再検討** 移転価格税制の文書化に関する規定を策定する。多国籍企業に対し、国毎の所得、経済活動、納税額の配分に関する情報を、共通様式に従って各国政府に報告させる。	2014年9月
14	**相互協議の効果的実施** 国際税務の紛争を国家間の相互協議や仲裁により効果的に解決する方法を策定する。	2015年9月
15	**多国間協定の開発** BEPS対策措置を効率的に実現させるための多国間協定の開発に関する国際法の課題を分析する。	2014年9月
	その後、多国間協定案を開発する。	2015年12月

(出典) 財務省

Lesson 20 税源浸食と利益移転（BEPS）行動計画

ているのですか？　また、将来的にどのようなインパクトを及ぼすことになるのでしょう？

川田教授　平成27年の税制改正で導入された国際的な電子商取引に対する消費税課税（BEPS行動計画１：電子商取引課税）、源泉地国が損金算入とされ、居住地国で益金不算入（同行動計画２：ハイブリット・ミスマッチを利用した租税回避の防止）、出国税制度の導入（同行動計画６：租税条約の濫用防止規定の普及）などは、BEPS行動計画を踏まえてなされた税制改正です。

　また、それ以外の行動計画のうち、行動計画８～10及び13の移転価格税制に関する部分や行動計画12のタックス・プランニングの報告義務については今後におけるわが国の税制に大きなインパクトを及ぼすことになると思われます。

　このようなことから、これらの動きについては今後とも凝視していく必要があるでしょう。

移転価格税制

　移転価格税制は、内国法人等が海外の関連企業との間の取引価格（いわゆる移転価格）を、通常の価格と異なった金額で行うことによる所得の海外移転に対抗するための税制として昭和61年（1986）に導入された税制です。具体的には、海外の関連企業との間の取引が独立企業間価格で行われていなかった場合、それらの取引が独立企業間取引価格で行われたものとみなして課税するという制度です（措法66の4）。

1　移転価格税制の基本的な仕組み

ゆめは　移転価格税制とはどのような税制なのでしょうか？

川田教授　移転価格税制は、企業が海外の関連企業との取引価格（移転価格）を通常の価格と異なる金額に設定することにより、本来であればわが国の所得となるものを、他方の国に移転することに対応するための税制です。具体的には、海外の関連企業との間の取引を通じた所得の海外移転を防止するため、海外の関連企業（いわゆる国外関連法人）との取引が、通常の取引価格（独立企業間価格）で行われたものとみなして所得を計算し、課税するという制度です。具体的には次の図表4－11のようなイメージです。

2　「国外関連者」とは？

健人　移転価格税制においては、海外の関連企業（国外関連者）との取引（いわゆる国外関連取引）が独立企業間価格で行われていない場合、その取引が独立企業間価格で行われたものとみなして課税するシステムになっているとのことですが、そこでいう「国外関連者」とは、具体的にどのような者をいうのでしょうか？

Lesson 21　移転価格税制

●図表4－11　移転価格税制の基本的仕組みに関するイメージ
　　　　　　（輸出取引の場合）

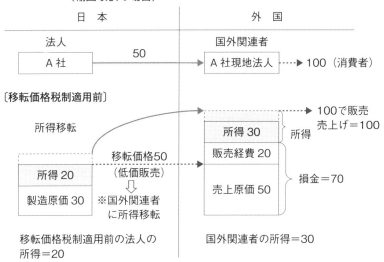

（注）この事例では、法人の所得が海外に10流出があったと仮定

〔移転価格税制適用後〕
・　相互に独立した企業の間（いわゆる独立企業間）で、同様の製品が60で売買されている場合には、国外関連者との間の取引価格（いわゆる移転価格）が60だったものとみなして所得を計算します。
　（独立企業間価格との差額10につき内国法人に更正処分）
　（同上分につき国外関連者サイドにおいて対応的調整▲10）

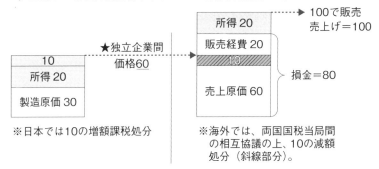

その結果、当該取引に係る取引当事者の所得は次のようになります。
　法人の所得＝20＋10＝30　　　国外関連者の所得＝30－10＝20
（注）ただし、相手国で減額更正処分（対応的調整）がなされるためには、租税条約に基づく相互協議での合意が必要とされています。

川田教授 移転価格税制でいう「国外関連者」とは、法人を親子関係、兄弟姉妹等の関係（いわゆる持株関係[*22]）又は実質支配関係[*23]にある法人並びにそれらが連鎖する関係[*24]にある法人です。

> [*22] ここでいう「持株関係」とは、それぞれの段階における持株会社を単純に計算した割合が50％以上となるものをいいます。
>
> [*23] 「実質支配関係」とは、「持株関係」の要件は満たしていないものの、人的支配、取引支配、資金支配、ノウハウ等の支配により一方が他方を実質的に支配できる関係にあるものをいいます。
>
> [*24] 「それらが連鎖する関係」とは、「持株関係」又は「実質支配関係」が連鎖していることなどにより、実質的に一方が他方を支配できる関係にあるものをいいます。

健人 なるほど。では、そこでいう「国外関連取引」とは、どのような取引をいうのですか？

川田教授 「国外関連取引」とは、法人が「国外関連者」との間で行う資産の販売、資産の購入、役務の提供その他の取引です（措法66の4①、措令39の12①〜⑤）。なお、法人が中間にダミーを介在させて行った取引等も国外関連取引となります。

3　独立企業間価格の算定方法

悠 独立企業間価格の算定方法としていくつかの方法があると聞きましたが、どのような算定方法があるのでしょうか？

川田教授 わが国の移転価格税制における独立企業間価格の算定方法は、次の方法によることとされています（措法66の4②、措令39の12）。ちなみに、この方法はOECD移転価格ガイドラインにおいて国際的に認められた方法に準拠したものとなっています。

① 基本法（伝統的取引基準法）
・独立価格比準法（CUP法）

・再販売価格基準法（RP法）
・原価基準法（CP法）
② その他の方法
・取引単位営業利益法
・利益分割法
・比較利益分割法
・寄与度利益分割法
・残余利益分割法

　なお従前は、伝統的取引基準法である基本３法が優先適用され、それにより難い場合においてのみ取引単位利益法が適用できるとされていましたが、平成23年の改正で算定法についての優先劣後関係はなくなっています。

4　独立企業間の具体的な価格の算定方法

悠　独立企業の課税の算定方法として、基本法とその他の方法があるということはわかりましたが、それらは、具体的にどのような内容のものとなっているのでしょうか？

川田教授　具体的には次のようになっています。

(1) 独立価格比準法（措法66の４②一イ）

　「独立価格比準法（Comparable Uncontrolled Price Method：CUP法」とは、特殊の関係にない売手と買手が、国外関連取引に係る棚卸資産と同種の棚卸資産を当該国外関係取引と取引段階、取引数量その他が同様の状況の下で売買した取引の対価の額（当該同種の棚卸資産を当該国外関連取引と取引段階、取引数量その他に差異のある状況の下で売買した取引がある場合において、その差異により生じる対価の額の差を調整できるときは、その調整を行った後の対価の額を含む）に相当する金額をもって当該国外関連取引の対価の額

とする方法です。例えば、輸入取引を例にイメージした図の形で示すと次のようになります。

●図表4－12　独立価格比準法のイメージ

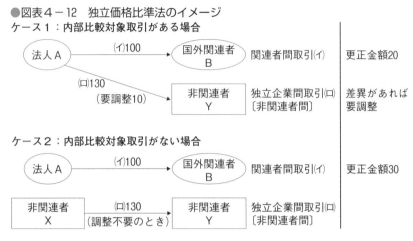

(2) 再販売価格基準法（措法66の4②一ロ）

「再販売価格基準法（Resale Price Method：RP法）」とは、国外関連取引に係る棚卸資産と同種又は類似の棚卸資産の買手が特殊の関係にない者に対してその棚卸資産を販売した対価の額いわゆる「再販売価格」から「通常の利潤の額」を控除して計算した金額をもって国外関連取引の対価の額とする方法です。

ちなみに、イメージ図の形（内部比較対象取引がある場合）で示すと図表4－13のようになります。

(3) 原価基準法（措法66の4②一ハ）

「原価基準法（Cost Plus Method：CP法）」とは、国外関連取引に係る棚卸資産の売手の購入、製造その他の行為による取得の原価の額に通常の利潤の額（当該原価の額に政令で定める通常の利益率を乗じて計算した金額をいう）を加算して計算した金額をもって当該国外関連取引の対価の額とする方法です。

イメージ図の形で示すと図表4－14のようになります。

Lesson 21 移転価格税制

●図表4−13 再販売価格基準法のイメージ
内部比較対象取引がある場合（内部利益率比準法）

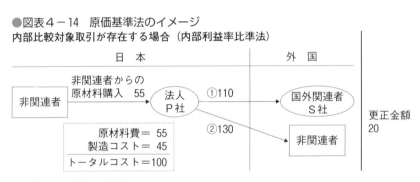

●図表4−14 原価基準法のイメージ
内部比較対象取引が存在する場合（内部利益率比準法）

(4) その他の方法

① 取引単位営業利益法（措法66の4、措令39の12①二・三）

「取引単位営業利益法（Transactional Net Margin Method：TNMM）」とは、独立企業間価格の算定を営業利益（ネット・マージン）をベースとして行う計算方法です。

この方法は、利益分割法と同様に、基本三法が適用できない場合にはじめて適用が認められる算定方法となっています（いわゆる、最後の手段（ラスト・リゾート）としての算定方法）。

算定方法は、その取引が国外関連者からの購入取引であるか国外関連者への販売であるかに応じ、次の2つに分けられ、具体的には図表4−15のようなイメージです。

103

●図表4－15　取引単価営業利益法のイメージ

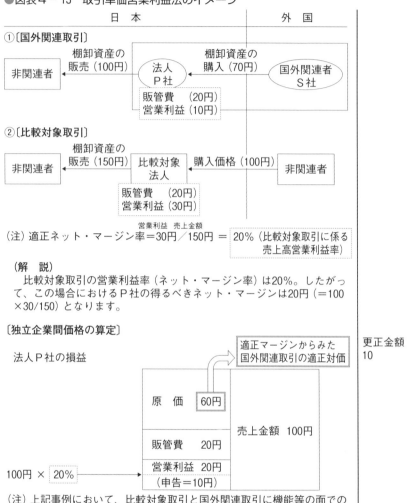

②　利益分割法（措法66の4、措令39の12⑧一）

　「利益分割法（Profit Split Method：PS法）」とは、法人又はその国外関連者による棚卸資産の購入、製造、販売その他の行為による営業利益の合計額（「合算利益」）について、当該所得の発生に寄与

した程度を推測するに足りる要因に応じてその法人又は国外関連者の帰属するものとして計算した金額をもって国外関連取引の額とする方法です。

利益分割法は、利益分割のやり方の差異に応じ、比較利益分割法、寄与度利益分割法、残金利益分割法の3つに細分されています。

(イ) 比較利益分割法（措令39の12⑧一イ）

「比較利益分割法（Comparable Profit Split Method：CPS法）」とは、分割対象利益の配分を国外関連取引と類似の状況の下で行われた非関連者間取引に係る非関連者間の分割対象利益に相当する利益の分割割合を用いて合理的に算定することができる場合において、当該方法により独立企業間価格を算定する方法です（図表4－16）。

●図表4－16　比較利益分割法のイメージ

・ステップ1　取引当事者国の利益（分割対象利益）を合算

分割対象利益＝
50＋100＝150

（日本）	（外国）
親会社の利益　50	子会社の利益　100

・ステップ2　比較対象取引となる独立会社間の利益分配状況を検討

A社対B社＝2対1

（日本）	（外国）
A社の利益　200	B社の利益　100

・ステップ3　独立会社間等の利益配分状況（2：1）により親子間の利益配分状況を見直し

見直し後の親会社と
子会社の利益配分
＝2対1

（日本）	（外国）
P社の利益　100	S社の利益　50

(ロ) 寄与度利益分割法（措令39の12⑧一ロ）

「寄与度利益分割法（Contribution Profit Split Method：CPS法）」とは、国外関連取引に係る棚卸資産の法人及び国外関連者による販売等に係る所得の発生に寄与した程度を推測するに足りるこれらの者が支出した費用の額、使用した固定資産の価額その他これらの者に係る要因に応じてこれらの者に帰属するものとして計算する方法です。

寄与度利益分割法をイメージの形で示すと次の形になります。

●図表4-17　寄与度利益分割法のイメージ
・ステップ1　分割対象利益を合算

(日本)	(外国)
50	100

・ステップ2　人件費・使用固定資産等の額を計算

(日本)	(外国)
人件費　　　30	10
使用固定資産費　15	20
合計　　　　45	30

・ステップ3　この比率で合算利益（150）を分割

(日本)	(外国)
90	60

(ハ)　残余利益分割法（措令39の12⑧一ハ）

「残余利益分割法（Residual Profit Split Method：RPS法）」とは、法人又は国外関連者が重要な無形資産を有する場合には、分割対象利益のうち重要な無形資産を有しない非関連者間取引において通常得られる利益に相当する金額を当該法人及び国外関連者にそれぞれ配分し、当該配分した金額の残額を当該法人又は国外関連者が有する当該重要な無形資産の価値に応じて、合理的に配分する方法により独立企業間価格を算定する計算方法です（図表4-18）[25]。

[25]　この場合において、当該重要な無形資産の価値による配分を当該重要な無形資産の開発のために支出した費用の額により行っている場合には、合理的な配分とされます。

5　最も適切な独立企業間価格の算定方法における要考慮事項

健人　独立企業間価格の算定方法は、いくつかある方法のうち、国外関連取引の内容及び国外関連取引の当事者が果たす役割その他の事

Lesson 21　移転価格税制

●図表４－18　残余利益分割法のイメージ
（前提条件）
① 全体利益が200あり、それを親子間で３：２で配分していたため、親会社の利益120、子会社の利益80となっていた。
② うち100相当部分は、重要な無形資産を有しない取引であった。
③ ②の取引に係る非関連者間の利益配分状況は６：４であった。
④ 重要な無形資産の開発費の負担割合は８：２であった。

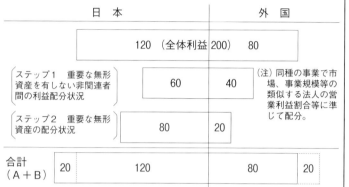

　情を勘案して最も適切な方法を選定することになるとのことですが、具体的にどのような点を考慮すればよいのでしょうか？

川田教授　例えば、国外関連取引が棚卸資産に係るものであれば、資産の種類、役務の提供であればその内容等についての検討が必要となってきます。それ以外も売手又は買手の果たす機能、契約条件、市場の状況、売手又は買手の事業戦略等の諸要素を考慮する必要があります。さらに、通達（措通66の４(2)－１）では、次の点についても勘案する必要があるとしています。

① それぞれの独立企業間価格の算定方法の長所及び短所
② 国外関連取引の内容及び当該国外関連取引の当事者の果たす機能等に対する独立企業間価格の算定方法の合理性
③ 独立企業間価格の算定方法を適用するために必要な情報の入手可能性
④ 国外関連取引と非国外関連者取引との類似性の程度（当該非国

外関連者取引について、差異調整等を行う必要がある場合には、当該差異調整等に係る信頼性を含む）

悠 どのような算定方法が最も適切な方法であったのかについて、当局との間で問題になったときは、どちらの側が立証責任を負うことになるのでしょうか？

川田教授 独立企業間価格の算定方法のうち最も適切な方法を選ぶのは納税者です。その意味でいえば、一義的には納税者が立証責任を負うということになります。しかし、課税庁側が別な算定方法のほうがベターだというのであれば、よりよい算定方法についての立証責任は課税庁側に転換されることになるでしょう。

6　比較対象取引

悠 独立企業間価格の算定の基礎となる取引、いわゆる比較対象取引とはどのような取引のことをいうのでしょうか？

川田教授 比較対象取引とは、非関連者間取引であって国内関連取引と類似性の程度が十分なものでなければなりません。そのため、納税者が独立企業間価格としてどのような算定方法を選定するかによって類似性等も異なってきます。例えば、棚卸資産につき独立価格比準法を選定する場合であれば、国外関連取引にかかる棚卸資産と同種の資産を当該国外関連取引と同様の状況の下で売買した取引となりますし、再販売価格基準法の場合であれば、国外関連取引にかかる棚卸資産と同種又は類似の資産を非関連者から購入した者が非関連者に対して販売した取引となります[26]。

[26] それ以外の算定方法に係る比較対象取引の内容については、措通66の4(3)-1を参照してください。

なお、そこでいう「同種の資産」又は「同種又は類似の資産」とは、国内関連取引に係る棚卸資産と性状、構造、機能等の面におい

て同種又は類似である棚卸資産をいうこととされています（措通66の4(3)−2）[*27]。

> [*27] ただし、これらの一部について差異がある場合であっても、その差異が対価の額若しくは通常の利益率の算定又は割合の算定に影響を与えないと認められるときは、同種、又は類似の棚卸資産として扱うことができる利益のこととされています（同前通達ただし書）。

悠 そのようにして選定された比較対象取引が複数ある場合にはどのようにすればよいのでしょう？

川田教授 国外関連取引に係る比較対象取引が複数存在し、独立企業間価格が一定の幅を形成している場合において、当該幅の中に当該国外関連取引の対価の額があるときは、当該国外関連取引については移転価格税制の適用はないことになります（平成23年課法2−13「二」より追加）。

7 ユニタリー課税方式

健人 移転価格税制では独立企業原則が前提とされていますが、それ以外の方法はないのでしょうか？

川田教授 独立企業原則に代わり得るものとして、全世界所得の一部を一定の算式により計算するといういわゆる「ユニタリー・ベース」による課税方式があります。

ただし、OECDでは、この方式は受け入れられないとしています（OECD移転価格ガイドライン、パラグラフ1.14）。

ユニタリー・ベースによる課税とは、例えば、次のような算式により全世界所得の一部をその地域又は国に配分する方式です。

（算式）

$$\text{その地域又は国の所得} = \text{全世界所得} \times \frac{\dfrac{\text{その地域又は国所在の資産}}{\text{全世界資産}} + \dfrac{\text{その地域又は国での売上}}{\text{全世界売上}} + \dfrac{\text{その地域又は国の従業員数}}{\text{全世界従業員数}}}{3}$$

8　移転価格税制の執行

ゆめは　移転価格税制は、どのような形で執行されているのでしょうか？

川田教授　移転価格税制は、自国だけでなく相手国の存在を前提とした税制です。そのため、その執行にあたっても、国際的な基準に従って行う必要があります。このようなことから、OECDでは移転価格ガイドラインを制定し、各国に示しています。これを踏まえ、わが国では、「移転価格事務運営要領（いわゆる事務運営指針）」が制定され、それに沿った形で執行がなされています。

9　取扱いの明確化（ガイドライン）

健人　移転価格税制では、制度面だけでなく執行面にも留意する必要があるといわれているようですが、どうしてなのでしょうか？

川田教授　これまでに見てきたところからも明らかなように、移転価格税制は、他の税制と比較して比較的簡単な仕組みとなっています。

　しかし、価格の決定は企業にとって最も重要な意思決定の1つであり、ライバルの存在等も考慮しながら決定されます。また、リスクの存在や機能の差などはそれぞれの企業が置かれた状況によっても異なります。このようなことから、移転価格は厳密な科学ではなくアートであるとも称されています。

　換言すれば、納税者にとっても課税当局にとっても適正価格の算定には種々の困難が伴うということです。そのため、OECDの移転価格ガイドラインにより、多くの国で移転価格税制の運用に関する取扱いの明確化が図られています。

10　途上国による課税

悠　最近、わが国の企業による発展途上国への進出が活発になってきていますが、OECDに加盟していないこのような国で課税を受けた場合、どうなるのでしょうか？

川田教授　OECD移転価格ガイドラインは、途上国においても事務運営の指針としてそれなりに尊重されています。

　しかし、先進国に比し途上国の場合には、自国の歳入確保等が重視されていることなどもあって、いったん課税を受けると、たとえ相互協議が行われたとしても、合意にまで至らないケースが出てきているようです。

　そのため、進出企業の中には、相互協議の申し立てをすることなく、現地における実質的な二重課税を甘受しているところもあるようです。

11　納税者と課税庁の間で見解が分かれた場合の救済手続（相互協議）

悠　移転価格税制においては、独立企業間価格の算定をめぐって納税者と課税庁の間で見解が分かれることが多いとのことですが、見解の相違によって課税を受けてしまった場合、どのような形で救済を求めることになるのでしょうか？

川田教授　ある国（例えば日本）で移転価格課税を受けた場合、相手国でその分について所得が過大だったとして自動的に減額してくれるわけではありません。そのため、移転価格課税を受けたにもかかわらず、それをそのままの形で放置した場合には、企業グループ全体として国際的二重課税を被ってしまうことになります。

　このような事態を打開するため、①国内法に規定する救済手続

（異議申立て、審査請求、訴訟）による救済を求めるというやり方と、②租税条約に規定する相互協議による救済を求めるという2つの方法が用意されています。このうち、後者は前者のプロセスのどの段階でも申立てが可能であり、しかも相互協議での合意が得られれば、相手国が対応的調整を行うことにより、少なくとも本税部分については二重課税が完全に解消されるということで、わが国をはじめ各国で幅広く利用されています。

ゆめは　相互協議には、納税者も参加できるのでしょうか？

川田教授　納税者には、相互協議を申し立てる権利と相互協議での合意事項について受け入れるか否かの権利は与えられていますが、相互協議自体は両国の権限ある当局が行うこととされています。このようなことから、OECD移転価格ガイドラインでは、「相互協議への納税者の参加については、権限ある当局の裁量に委ねるべきである」としています（パラグラフ4.57）。

健人　相互協議での合意が成立しなかった場合はどうなるのでしょうか？

川田教授　相互協議については、各国の権限ある当局が合意に達するよう努力することは求められていますが、合意することまでは義務付けられていません。そのため、相互協議を行って合意に達しないというケースも生じ得ます。このような場合には、原則として国内法に規定する救済手続により救済を求めることとなります。

　なお、OECDの移転価格ガイドラインでは、このような場合に備え、第三国の関係者を含めた「仲裁（arbitration）」制度の活用がうたわれています。これを踏まえ、わが国でも、最近締結（改正を含む）された条約では、仲裁条項を入れるようになってきています（例えば、日蘭租税条約）。

12　紛争未然防止策としての「事前確認」制度の利用

ゆめは　移転価格をめぐる国際間紛争を未然に防止する方法はないのでしょうか？

川田教授　移転価格税制をめぐる国際間紛争の未然防止策として、わが国をはじめ多くの国で「事前確認」制度が導入されています。この制度は、法制上のものというよりは運用上のトラブル防止措置です。

特に、相手国との相互協議付きのいわゆる「二国間合意による事前確認（Bilateral Advance Pricing Agreement／BAPAと略）」は、両国において課税を受ける心配がなくなるという意味で、近年その利用が急増してきています。

なお、途上国でのトラブルを避けるため、最近では現地でのみ事前確認をうけるいわゆる「ユニ（Uni）方式」による事前確認を利用するところも出始めています。

ただし、ユニ方式による事前確認ではわが国での課税リスクは残りますので、念のため。

過少資本税制

　法人税の課税標準は、各事業年度の益金の額から損金の額を控除するという形で計算されます（法法21、22①）。この計算をする際、法人が外部から借入れを行い、利子を支払った場合には損金となりますが、支払配当は損金にはなりません。

　そこで、外国法人の子会社等である内国法人が資金調達をする際、国外の親会社等から出資を受ける代わりに借入れを行い、それに対して利子を支払う形にすれば、内国法人の所得の金額をその分だけ減少させることが可能になります。その結果、本来であればわが国で課税されるべき所得が国外に流出してしまいます。このような形による所得の国外流出に対抗するために講じられた措置が、ここで紹介する「過少資本（Thin Capitalization）税制」です（平成3年創設）。

1　過少資本税制とは何か？

ゆめは　過少資本税制という制度があると聞きましたが、どうしてそのような制度が設けられるようになったのでしょうか。また、それはどのようなものなのでしょうか？

川田教授　わが国の法人（内国法人）が、外国の親会社等から資金調達をする場合において出資（関連企業への配当は損金算入できない）を少なくし、貸付け（関連企業への支払利子は損金算入できる）を多くすれば、わが国での税負担を軽減することが可能です。

　そのため、このような形態による税負担回避行為を阻止するために設けられたのが過少資本税制です。具体的には、海外の関連企業から過大な貸付けを受け入れることによる企業の租税回避を防止するため、出資と貸付けの比率が一定割合（原則として、外国親会社

Lesson 22 過少資本税制

●図表4-19 過少資本税制の仕組み

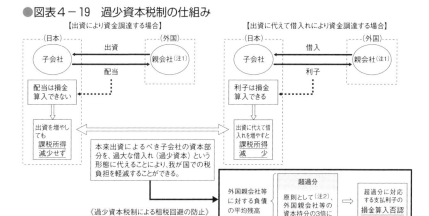

(注1) 法令上は「国外支配株主等」又は「資金供与者等」となっています。ちなみに、「国外支配株主等」とは、非居住者又は外国法人で、対象法人の発行済株式等の50％以上の株式等を直接又は間接に保有するもの、その他の関係を有するものをいうとされています（措法66の5⑤一）。また、「資金供与者等」とは、内国法人に資金を供与する者及びその資金の供与等に関係のある者です（措法66の5⑤二、措令39の13⑬）。
(注2) 業種・事業規模が類似する法人の負債・資本比率を用いることも可能。

等の資本持分の3倍）を超える部分の支払利子に損金算入を認めないこととする制度です。ちなみに、過少資本税制の基本的仕組みは、図表4-19のようになっています。

2 過少資本税制の対象法人

健人 納税義務を負うのは内国法人だけなのでしょうか？　また、外国親会社等とは具体的にどのようなものをいうのでしょうか？

川田教授 過少資本税制の対象となるのは、原則的には外国の親会社等によって支配されている内国法人（子会社、孫会社等）ですが、国内で事業活動を営む外国法人の支店等が支払う負債の利子のうち、国内事業に係るものについても適用対象となります（措法66の5⑩）。

　なお、ここでいう外国親会社等には、内国法人の親会社だけでなく、兄弟姉妹会社等も含まれます。

3 損金不算入額の計算方法

悠 外国の親会社等からの借入れに係る利子については、すべて損金算入とならないのでしょうか?

川田教授 そうではありません。内国法人の支払う利子のうち、損金算入が認められないのは、当該内国法人に係る外国親会社等に対する平均負債残高が、それらの者の資本持分の3倍を超える部分に係る利子です(措法66の5①・②、措令39の13)。具体的には、次の算式により計算される金額です。

<損金不算入額の計算式>

$$\text{損金不算入額} = \text{当期の国外支配株主等への総支払利子}^{(注1)} \times \frac{(a) - \text{国外支配株主等の資本持分} \times 3^{(注2)}}{\text{国外支配株主等に係る平均負債残高}(a)^{(注3)}}$$

(注1) ここでいう総支払利子には、資金供与者等に対する負債に係る保証料も含まれます。

(注2) 3倍に代えて同業他社の比率を用いることも認められています(措法66の5③、措令39の13⑩)。

(注3) ここでいう平均負債残高には、資金供与者等に対する負債も含まれます。

例えば、次のような事例の場合、損金不算入額は24となります。
・親会社等に対する支払利子=60
・国外支配株主等に係る平均負債残高=1,000
・国外支配株主等の資本持分=200

$$\left\{ 60 \times \frac{(1,000 - 200 \times 3)}{1,000} \right\} = 24$$

ゆめは 損金不算入とされた利子はどうなるのですか?

川田教授 損金不算入とされた利子について、国によっては「みなし配当」として取り扱うこととしている国もありますが、わが国の場合は単に損金不算入として税務申告書上の処理のみ(別表四で加算、社外流出処理)ですべてが完了します[*28]。

[*28] したがって、支払利子について、すでに源泉徴収がなされていたとしても、そ

れを支払配当とみなして源泉徴収をやり直すというようなことは必要ありません。

過大支払利子税制

　平成24年度の税制改正で関連企業間の利子を利用した租税回避への対応策として、法人が関連者に対し所得の一定割合（50％）を超える利子を支払っている場合、その部分について当該法人の所得の金額の計算上損金の額に算入しないこととする制度が設けられました。いわゆる「過大支払利子（規制）税制」と称されている税制です。

　具体的には、図表4-20のようなイメージです。

1　過大支払利子税制の概要

ゆめは　平成24年度の税制改正で「過大支払利子税制」が創設されたと聞きましたが、それはどのような税制なのでしょうか？

川田教授　「過大支払利子税制」は、法人が関連者等に対し過大な利子を支払うことでわが国の租税負担を回避する行為を防止するために創設された制度です。

●図表4-20

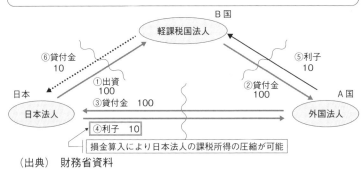

（出典）　財務省資料

具体的には、関連者への純支払利子等の額のうち、調整所得金額の一定割合（50％）を超える部分の金額に相当する部分を損金の額に算入しないという制度です（措法66の5の2、66の5の3、68の89の2、68の89の3）。

実際に適用が開始されたのは法人の平成25年4月1日以後に開始する事業年度からです（平24改正法附則29、40）。

2　他制度との関係

健人　関連者間における支払利子を利用した租税回避に対しては、他にも規制措置があったと思いますが、そのうえさらにこのような措置が必要とされるのはどうしてなのでしょうか？

川田教授　たしかに、過大な利子を支払うことで法人の所得を減少させる行為のうちの一部に対しては、既存の制度で対応がなされています。

例えば、国外関連者に対する通常の利率を超えた利率による利子の支払に対しては、「移転価格税制」で規制がなされています。

また、資本に比して過大な負債を有し、それらに対する利子を損金として計上することにより、わが国の所得を圧縮する行為に対しては、「過少資本税制」により超過部分（1：3超部分）に係る利子について損金算入を認めないという形で対応がなされています。

しかし、利子率が通常であり、かつ負債割合がそれほど多くない場合であっても、所得金額に比して過大な利子を支払うという形でわが国の法人の租税負担の軽減を図ることは可能です。

このようなことから、先進諸国では、このような租税回避行為に対しても、自国の課税権確保の観点から何らかの形で規制措置が講じられています[29]。

*29　例えば、米国のEarnings Stripping Rule、英国のWorldwide debt capなど

そこで、わが国でもそれらと同様の措置を講じることとしたものです。

3 過大支払利子額の計算

悠 損金不算入となる利子の計算はどのように行うのですか？

川田教授 次のようなステップを通じて行うこととなります。

第1ステップ……関連者への純支払利子額の計算

ここでいう関連者への純支払利子額とは、関連者への支払利子等から関連者からの受取利子を控除した残額として計算されます。

なお、特定債券現先取引等（いわゆるレポ取引）に係る利子等はここでいう利子等から除かれます。

第2ステップ……調整所得金額

この金額は、当期の所得金額に関連者純支払利子、減価償却費、受取配当（益金不算入となっている部分）、評価損、貸倒損失否認等を加算した分として計算されます（措令39の13の2①）。

●図表4-21 過大支払利子額の計算

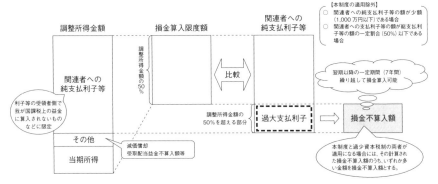

（注1） 関連者（直接・間接の持分割合50％以上又は実質支配・被支配関係にある者及びこれらの者による債務保証を受けた第三者等）への支払利子等の額からこれに対応する受取利子等の額を控除した残額をいう。

（注2） 平成25年4月1日以後に開始する事業年度から適用。

（出典） 財務省資料

第3ステップ……関連者への純支払利子等の金額(A)と調整所得金額の50％相当額(B)を比較する。

(A)－(B)＝過大支払利子として損金不算入[*30]

   *30　この分については、翌期以降7年間繰り越して損金算入可能。

これを図示すると、前掲の図表4－21のようなイメージになります。

外国子会社合算税制

　個人の場合、居住者であれば、所得の源泉地のいかんにかかわらず、わが国で課税されます。

　それに対し、法人であれば、外国に支店形態で進出した場合は、国外源泉所得についても国内源泉所得と合算したうえでわが国で課税となりますが、その地に子会社を設立して事業活動等を展開した場合、それらの法人（外国法人）は、内国法人とは別人格ですので、原則として合算課税を受けることはありません。それは、個人が外国に法人を設立したうえで、その地で事業活動等を行った場合も同様です。

　そのため、このような仕組みを利用し、法人税の全くかからない国やわが国の法人税に比して著しく負担割合の低い国にペーパー上の法人を設立し、全体の租税負担の軽減を図ろうとする試みが行われるようになりました。

　そこで、昭和53年の税制改正で、このような地域に名目上の法人を設立し、租税回避を図る行為に対処するため、新たな規制措置が講じられました。それらの子会社は、いわゆるタックス・ヘイブンに設立されることが多いことから、「タックス・ヘイブン対策税制」と名付けられました。現在、「外国子会社合算税制」と称されている制度です。ここではこの制度について学んでいきます。

1　合算税制の基本的仕組み

ゆめは　国際的な租税回避に対抗するための措置として、外国子会社合算税制という制度があると聞きましたが、その基本的仕組みは、どのようになっているのでしょうか？

川田教授　居住者又は内国法人が、わが国に比して著しく税負担の低

い（法人税負担割合20％未満）、いわゆる軽課税国又は地域（その多くはタックス・ヘイブンと称されている国又は地域です）に子会社等（いわゆる「外国子会社等」）を設立して所得を得ている場合、それらの子会社等の所得のうち居住者又は内国法人等が持分割合に相当する分を自己の所得に合算したうえで、それらの居住者又は内国法人に課税するという制度です[*31]。ちなみに、この制度の概要について財務省ホームページでは次のような説明がなされています。

【外国子会社合算税制の概要】
○わが国の内国法人等が、税負担の著しく低い外国子会社等を通じて国際取引を行うことによって、直接国際取引した場合より税負担を不当に軽減・回避し、結果としてわが国での課税を免れる事態が生じ得る。
○このような租税回避行為に対処するため、一定の税負担の水準（20％）未満の外国子会社等の所得に相当する金額について、内国法人等の所得とみなし、それを合算して課税（会社単位での合算課税）。
　(注) 外国子会社等が、以下の全ての条件（適用除外基準）を満たす場合には、会社単位での合算課税の対象とならない。
　① 事業基準（主たる事業が株式の保有等、一定の事業でないこと）
　② 実体基準（本店所在地国に主たる事業に必要な事務所等を有すること）
　③ 管理支配基準（本店所在地国において事業の管理、支配及び運営を自ら行っていること）
　④ 次のいずれかの基準
　　(1) 所在地国基準（主として本店所在地国で主たる事業を行っていること）
　　　※ 主たる事業が下記以外の業種の場合に適用
　　(2) 非関連者基準（非関連者との取引割合が50％超であること）
　　　※ 主たる事業が卸売業、銀行業、信託業、金融商品取引業、保険業、水運業、航空運送業の場合に適用
○また、一定の税負担の水準（20％）未満の外国子会社等が得る資産運用的な所得については、適用除外基準を満たす場合でも、内国法人等の所得とみなし、それを合算して課税（資産性所得の合算課税）。

[*31] なお、居住者又は外国法人の受益権を有する特定外国信託についても同様の制度が適用になります。

●図表4-22　外国子会社合算税制の仕組み（図解）

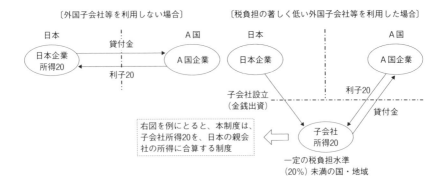

2　合算税制と同様の規制は他の先進国でも導入

ゆめは　同じような制度は、他の先進国にも存在しているのですか？

川田教授　細かい部分についての差はあるものの、同様の制度はすべての国で存在しています。

　具体的には、イギリス、ドイツ、フランスなどのように、わが国と同じ方式によりつつ、合算課税が発動となる税負担割合（いわゆる「トリガー税率」）を異にしている国、税負担割合ではなく所得項目ごとに対象とするか否かを決定（いわゆる「汚い所得（tainted income）」を対象にしている）することとしている国（例えば、アメリカ）などです。

　ちなみに、主要国における外国子会社合算税制の基本的仕組みは、図表4-23のようになっています。

Lesson 24　外国子会社合算税制

● 図表４−23　主要国における外国子会社合算税制の概要

	日本	アメリカ	イギリス	ドイツ	フランス
制度適用の基準	子会社ごとにその税負担により判定	所得項目ごとに税率格差等により判定	軽課税国にある外国子会社（居住地のない会社を含む）	軽課税国にある外国子会社	軽課税国にある外国子会社
基準税率	合算対象子会社の税負担が20％未満 **20％**	合算対象所得につき、合算対象子会社の税負担が、米国最高税率（35％）の90％以下 **31.5％**	合算対象子会社の税負担が英国での税負担（20％）の4分の3未満 **15.5％**	合算対象所得につき、合算対象子会社の所在する軽課税国の税負担が25％未満 **25％**	合算対象子会社が所在する軽課税国が優遇税率（注）を有する。 **16.7％** （注）執行上、仏税負担（33.3％）の30％未満としている
適用除外基準	あり	あり	あり	あり	あり
独立企業としての実体	実体があれば適用除外	——	実体があれば適用除外	実体があれば適用除外	実体があれば適用除外
関連者との取引	一定の関連者間取引を有する場合、適用除外とならない。	特定の所得について一定の関連者間取引を有する場合、適用除外とならない。	一定の関連者間取引を有する場合、適用除外とならない。	一定の関連者間取引を有する場合、適用除外とならない。	一定の関連者間取引を有する場合、適用除外とならない。

（出典）税制調査会への財務省提出資料（一部修正）

● 図表４−24　外国法人、外国関係会社、特定外国子会社等に関するイメージ図

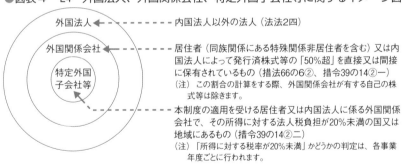

- 外国法人 ← 内国法人以外の法人（法法２四）
- 外国関係会社 ← 居住者（同族関係にある特殊関係非居住者を含む）又は内国法人によって発行済株式等の「50％超」を直接又は間接に保有されているもの（措法66の6②、措令39の14②一）
  （注）この割合の計算をする際、外国関係会社が有する自己の株式等は除きます。
- 特定外国子会社等 ← 本制度の適用を受ける居住者又は内国法人に係る外国関係会社で、その所得に対する法人税負担が20％未満の国又は地域にあるもの（措令39の14②二）
  （注）「所得に対する税率が20％未満」かどうかの判定は、各事業年度ごとに行われます。

（出典）財務省（一部修正）

3　合算税制の対象となる子会社等の範囲

健人　法人税負担割合が20％未満となっている軽課税国所在の子会社等であれば、すべて合算税制の対象になるのでしょうか？

川田教授　そうではありません。合算課税の対象となる子会社等とは、居住者又は内国法人によって発行済株式の50％超を直接又は間接に保有されている外国法人（その会社は「外国関係会社」と称されています）のうち、それらの会社に対する実効法人税負担割合が20％未満の会社です。

具体的には、前掲の図表4-24のようなイメージです。

4　外国関係会社が種類株式を発行していたり、非居住者がいる場合

ゆめは　居住者又は内国法人によって発行済株式の50％を直接又は間接に保有されている外国法人が外国関係会社に該当するということはわかりました。ですが、それらの会社が種類株式を発行していたり、居住者の親族である非居住者や内国法人の役員である非居住者等が、それらの外国法人の株式を保有していた場合はどうなるのでしょうか？

川田教授　それらについては、次により判定することとされています（措法66の6②、措令39の14②・③）[*32]。

① 外国法人が外国関係会社に該当するか否かの判断にあたり、それらの法人が議決権の数が1個でない株式等又は請求権の内容が異なる株式を発行している場合……株式等の割合と議決権割合又は請求権割合のうち最も高いものの割合が50％超であるか否かにより判定されます。

② 居住者の親族等[*32]又は内国法人の役員等[*32]である非居住者

(いわゆる「特殊関係非居住者」）がいる場合……これらの者の持株割合も合計したところで持株割合を計算することになります。

*32　ここでいう親族等の範囲は、同族会社の判定における親族等の範囲と同じです。
　　　また、内国法人の役員等であるか否かは、法人税法が規定する役員等と同じです。
　　　なお、それらの者の親族等もここでいう役員等に含まれます。

5　間接保有の場合における持分割合の計算

健人　居住者又は内国法人が、外国法人の株式等を直接ではなく、他の外国法人を通じて間接的に所有している場合における持分割合の計算は、どのように行うのでしょうか？

川田教授　居住者又は内国法人等が、判定対象となる外国法人の株式を、他の外国法人等を通じて間接的に保有している場合における持分割合の計算にあたっては、それぞれの段階における持株割合（議決権、請求権に差がある場合には、それぞれのうち最も高い割合）を順次乗じて計算した割合を判定対象となる外国法人の議決権等の総数に乗じて得た議決権等の数となります（措令39の16③～⑤）。

　　具体的には、次頁の図表4-25のようになります*33。

*33　保有割合の計算にあたり、外国法人が、議決権の数又は配当請求権の内容の異なる株式等を発行しているときは、いずれか多い割合により計算します。

6　外国関係会社の判定時期

悠　外国法人が外国関係会社（特定外国子会社）に該当するか否かの判定は、どの時点で行うのでしょうか？

川田教授　外国法人が外国関係会社に該当するか否かの判定、及びそれらの会社が特定外国子会社等に該当するか否かの判定は、当該外国法人の事業年度終了の時の現況によるものとされています（措令39の20①）*34。

●図表4－25　持分割合の計算のイメージ

＜ケース1＞間接保有の場合における持分割合の計算

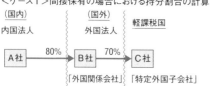

・持分割合＝80％×70％＝56％＞50％
　よって、C社はA社にとって「特定外国子会社」となります。なお、B社は外国関係会社ではあるものの、軽課税国所在ではないため、「他の外国法人」となります。

＜ケース2＞数段階間接保有における持分割合の計算

・持分割合＝100％×80％×70％＝56％＞50％
　なお、中間にある外国法人C社は、他の外国法人B社と区分する意味で「出資関連外国法人」と称されています。このような連鎖関係がさらにある場合には、順次持株割合を乗じていくことになります。

＜ケース3＞直接保有と間接保有が併存する場合の保有割合の計算

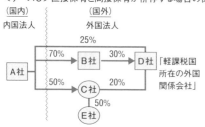

この事例では、「内国法人Aの有する外国法人Dの直接及び間接保有の株式等」の保有割合は、次のように計算されます。
・直接保有の株式等　　　　　　　　＝25％
・間接保有の株式等
　B外国法人を通じるもの　70％×30％＝21％
　C外国法人を通じるもの　50％×20％＝10％
　　　　　計　　　　　　　　　　　＝31％
・直接及び間接保有の株式等　＝56％＞50％
　よって、D社はA社の特定外国子会社等に該当します。

＜ケース4＞国内子会社を通じた間接保有の場合における保有割合の計算

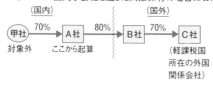

・持分割合＝100％×80％×70％＝56％＞50％
　よって、C社はA社の特定外国子会社等となります。
※　このケースでは、内国法人甲社は他の内国法人A社を通じてB社の株式を保有していますが、本税制上、持分割合を計算したり合算課税を受けるのは、外国法人B社を直接に、又は、外国法人C社を他の外国法人B社を通じて保有している「A社」です。

（出典）相談事例等をベースに筆者作成

*34 なお、内国法人が外国関係会社の各事業年度終了の日以後2か月を経過するまでの間に合併により解散した場合には、合併法人に引き継がれたものは、その合併法人がその外国関係会社の各事業年度終了の日において直接及び間接に保有する株式等とみなされます（措令39の20②）。

7 合算課税を受ける者

悠 軽課税国所在の子会社等に生じた所得について、わが国で合算課税を受けるのは、どのような者になるのでしょうか。

川田教授 わが国の居住者又は内国法人で軽課税国に所在する会社等（いわゆる「特定外国子会社等」）の株式又は出資割合の10％以上を直接又は間接に有する者です。そして、それらの要件に該当する居住者又は内国法人は、特定外国子会社等に生じた所得のうち、自己の持株割合（又は出資割合）に応じた分を自己の所得に加算しなければならいないこととされています（措法40の4①、66の6①）。

なお、特定外国子会社等のオーナーが内国法人の場合であれば所得に加算するだけですが、居住者がオーナーであるときは、所得の種類が問題となってきます。ちなみに居住者の所得として合算されるのは「雑所得」となります。

8 課税対象金額の計算

悠 特定外国子会社等に生じた所得のうち居住者又は内国法人の所得に合算すべき金額は、具体的にはどのようなプロセスを経て計算することになるのでしょうか？

川田教授 居住者又は内国法人の所得に合算されることとなる所得金額の計算は、最初に特定外国子会社等の所得の金額（いわゆる「基準所得金額」）を計算します*35。

*35 計算方法には、わが国の法令による場合と現地法令によって計算し、それにわ

が国の法令による調整を加えて計算するという方法があります。

次いで、そのように計算された金額に所要の調整し（例えば、過年度に特定外国子会社等に生じていた損金があればその分を控除）、その上で「適用対象金額」を計算します。

そして第3ステップは、その金額（「適用対象金額」）に居住者又は内国法人の持株割合を乗じて「課税対象金額」を計算することになります。そのようにして計算された金額のうち、居住者又は内国法人の有する持株割合に応じた分を、円貨に換算した上でそれぞれの所得を合算します。具体的には次のようなイメージです。

●図表4−26　特定外国子会社等の所得の計算から合算までの計算ステップ（イメージ図）

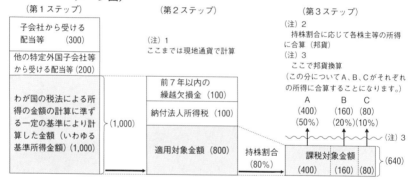

9 移転価格税制との関係

ゆめは 特定外国子会社との取引において、移転価格税制が問題とされた場合はどうなるのでしょうか？

川田教授 おもしろいところに気がつきましたね！ 確かに、場合によっては外国子会社合算税制と移転価格税制の双方が適用になるような事態も生じてきます。

そのような場合には、最初に移転価格税制が適用され、残額部分が合算課税の対象となります（措令39の15①一、②）。

10 適用除外基準とその例外

健人 特定外国子会社等に生じた所得については全て居住者又は内国法人の所得として合算しなければならないのでしょうか。

川田教授 そうではありません。前述しましたように、合算課税を受けるのは、特定外国子会社等の株式を直接又は間接に10％以上保有している者のみです。

また、その場合であったとしても、例えば特定外国子会社等が独立企業としての実態を備え、かつ、それらの会社がその地において事業活動を行うことにつき十分な経済的合理性があると認められる場合（いわゆる適用除外基準を満たす場合）には、合算課税は受けないこととされています（措法40の4③・④、66の6③・④）。

健人 具体的にはどのような基準が設けられているのでしょうか。

川田教授 次の3基準です。

① 主たる事業が株式保有、債権保有、ノウハウ等保有、船舶・航空機等の保有でないこと（いわゆる「業種基準」）

② 特定外国子会社等が、その本店又は主たる事業所の所在する国又は地域（いわゆる軽課税国）にその主たる事業を行うに必要と

認められる事業所得等を有していること（いわゆる「実体基準」）

③　管理支配基準

次のいずれかの基準を充足していること

・所在地基準……例えば、製造業等であればその主たる部分がそこで行われていること

・非関連者基準…例えば、卸売業・金融業等であれば、それらの取引（売上又は仕入等）のうち非関連者との取引が50％を超えていること

悠　適用除外基準を充足していれば、特定外国子会社等で生じた所得はすべて合算課税の対象外になるのですか？

川田教授　そうではありません。特定外国子会社等が適用除外基準を満たしていたとしても、次に掲げるような所得（いわゆる「資産性所得」）を有する場合には、それらの所得の合計額のうち居住者又は内国法人等が有する持株割合等に応じた部分については、居住者又は内国法人の所得として合算しなければならないこととされています（措法40の4④・⑤、66の6④・⑤）。

①　株式保有割合10％未満の株式等の配当等に係る所得又はその譲渡（取引所又は店頭における株式等の譲渡に限る）による所得

②　債権の利子にかかる所得又はその譲渡（取引所又は店頭における債権の譲渡に限る）による所得

③　工業所有権及び著作権（出版権及び著作隣接権を含む）の提供による所得（特定外国子会社等による開発されたもの等から生ずる所得を除く）

④　船舶又は航空機の貸付けによる所得

ただし、いわゆる「デミニマス・ルール」により、特定外国子会社等の特定所得の合計額が当該特定外国子会社等の税引前所得の5％相当額以下である場合又は特定外国子会社等の特定所得に係る

収入金額の合計額が1,000万円以下である場合には、本措置は適用しないこととされています。

11　二重課税の調整

悠　特定外国子会社等に生じた所得を居住者又は内国法人の所得に合算する場合において、それらの特定外国子会社等の所在地国等において法人税が課されている場合、結果的に現地とわが国の双方で法人税が課されることになってしまいますが、何か救済措置が設けられているのでしょうか？

川田教授　特定外国子会社等のオーナーが居住者である場合には、オーナーに課されるのは所得税であり、現地で課されるのは法人税です。所得税と法人税は別税目であるところから二重課税に該当せず、救済措置も講じられていません。

　それに対し、オーナーが内国法人の場合にあっては、合算所得は法人税の課税対象となりますので、二重課税の救済措置が講じられています。すなわち、内国法人に係る特定外国子会社等の所得に対して課される外国法人税の額のうち、当該特定外国子会社等の持株割合（合算割合と同じです）に相当する分を内国法人が納付したとみなして、外国税額控除を受けることが認められています（措法66の7）。

悠　居住者又は内国法人が、特定外国子会社等から配当を受けた場合にも二重課税が生じることになると思いますが、それについてはどのようになっているのでしょうか？

川田教授　その場合、すでにわが国で所得税又は法人税が課税済みとなっていますので、特定外国子会社等のオーナーが居住者であるか内国法人であるかの如何にかかわらず、二重課税の救済措置が講じられています。

●図表4−27　外国子会社合算税制の概要（イメージ図）

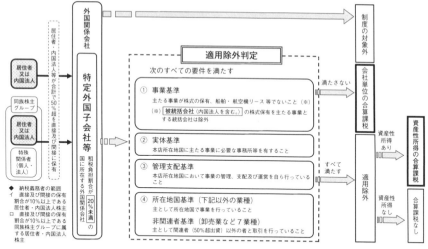

(出典) 財務省（一部修正）

　すなわち、オーナーが居住者の場合であれば、すでに合算課税済みとなっている部分までの配当であれば、配当所得の金額から控除することとされています。また、オーナーが内国法人の場合であれば、すでに合算済みの所得に達するまでの金額は、当該内国法人の各事業年度の計算上益金の額に算入しないこととされています（措法66の8①）。

コーポレート・インバージョン対策税制

　会社法制定に伴う合併等対価の柔軟化により、合併等の対価として、自己の株式に代えて親法人の株式を交付することが認められるようになりました。いわゆる三角合併がこれに当たります。

　その結果、内国法人が外国親会社の株式を対価として被合併法人の株主に交付することにより、クロスボーダーの組織再編も可能になりました。

　しかし、この方式を利用することにより、国際的な租税回避も可能になってきます。

　例えば、国内に恒久的施設を有しない非居住者や外国法人がクロスボーダー組織再編の対価として外国親会社の株式の交付を受けた場合、これを居住者や内国法人と同様に課税繰延べを認めたとしますと、それらの者の行う株式の譲渡については事業譲渡類似株式の譲渡など一定の場合しかわが国で課税とならないため、永久に課税の機会が失われてしまいます。

　また、クロスボーダーの組織再編を利用して、内国法人を軽課税国の子会社とした上で軽課税国に所得移転を行うことも可能になってきます。

　このようなことから、クロスボーダーの組織再編のうち、合併等の対価として外国親会社の株式を交付するいわゆるコーポレート・インバージョンについては、内国法人どうしの間の組織再編と異なった取扱いをすることが必要になってきます。

　そのために取られた措置がコーポレート・インバージョン対策税制です。ここでは、コーポレート・インバージョン対策税制について見ていきます。

1　特定グループ内の合併

ゆめは　税制適格組織再編の要件を充足している組織再編であったとしても、国際間のいわゆるクロスボーダー組織再編のうちは課税の繰延べが認められないものがあるとのことですが、どのような取引がそれに該当するのでしょうか？

川田教授　ご承知のように、同一企業グループ内の内国法人間で行われる合併については、原則課税繰延べが認められています。

しかし、そのような合併（三角合併）のうち特定グループ内で行われる合併については、合併の適格性が否認され、合併時に株主に対する課税が行われます（措法68の2の3①）。

ここでいう特定グループ内合併とは、次の①及び②のいずれにも該当する合併です（措法68の2の3⑤）。

① 被合併法人と合併法人との間に特定支配関係（50％超の支配関係）があるもの

② 合併の対価として特定軽課税国（税負担割合20％以下）の、外国法人である外国親法人株式が交付されるものであること

具体的には、図表4-28のようなイメージです。

2　適用対象外の特定グループ内合併

健人　税制適格性が否認される特定グループ内の合併であっても、例外的に否認の対象とならないものがあると聞きましたが、どのようなものがそれにあたるのでしょうか？

川田教授　①事業関連性、②事業規模、③事業内容、④実体基準・管理支配基準及び⑤役員要件のすべてを満たしている場合には、適格性否認の対象としないこととされています（措法68の2の3①、措令39の34の3①）。

Lesson 25　コーポレート・インバージョン対策税制

●図表４−28　グループ内合併のイメージ

(1) Ｓ１法人がＳ２法人の株式の50％超を保有

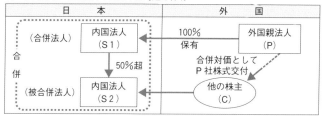

(2) Ｓ１、Ｓ２法人のいずれも外国法人Ｐによって50％超の株式を保有

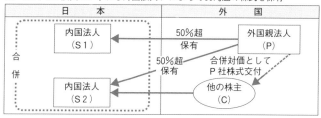

　ちなみに、それぞれの項目の具体的内容は、次のようになっています。

① 　事業関連性……合併法人と被合併法人の主要事業が相互に関連
② 　事業規模……合併法人が合併前に営む事業の売上金額等が被合併法人が合併前に営む事業の売上金額等のおおむね２分の１を下回らないこと
③ 　事業内容……合併法人の合併前に営む主たる事業が株式・債券の保有、工業所有権の提供でないこと
④ 　実体基準・管理支配基準……合併法人が合併前にわが国において主たる事業を行うに必要な固定施設を有し、かつ、その事業の管理、支配及び運営を自ら行っていること
⑤ 　役員要件……合併法人の合併前の特定役員の過半数が次に掲げるものでないこと
　㈠　被合併法人の役員等である者又は役員等であった者
　㈡　合併法人に係る外国親法人の役員等である者又は役員等で

●図表4-29　適格合併の範囲に関する特例（特定の三角合併の適格性否認）

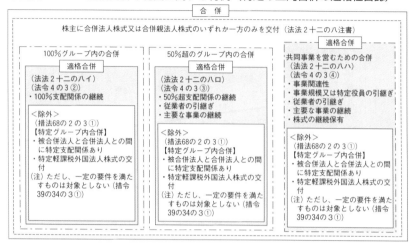

あった者

(ハ)　(イ)又は(ロ)に掲げる者の親族等

　ちなみに、これまでにみてきた適格合併の範囲に関する特例を一覧の形で示したのが図表4-29です。

3　持株割合要件

悠　内国法人の親会社となる外国法人の持株割合及び合併された旧内国法人の株主による外国法人の持株割合の要件が、それぞれ80％以上となっていますが、どうしてなのでしょうか？

川田教授　おっしゃるように、内国法人（特殊関係内国法人）に対する親会社たる外国法人（株主の所得に合算課税される特定外国法人）の持株割合及び被合併法人の株主で特定外国法人の株主となる株主（特殊関係株主等）の持株割合も80％となっています。

　それは、たとえ間接的にでもこれだけの持株割合を有していれば、株主（特殊関係株主）が依然として内国法人を手放していないと考えられるためです。

なお、この割合（80％以上）は、共同事業を営むための要件の一つである被合併法人の株主の継続保有要件（旧法令4の2④五）が80％以上となっていることを参考にしたとされています（平成19年版「改正税法のすべて」567頁による）。

健人 外国法人のうち、コーポレート・インバージョン対策税制によって合算課税の対象となるのはどのような外国法人なのでしょうか？

川田教授 合算課税の対象となる外国法人は、外国関係法人のうち特定外国法人に該当する法人です（措法66の9の2①、措令39の20の2）。ちなみに、ここでいう外国関係法人とは、特殊関係株主等と特殊関係内国法人の間に特定関係（80％以上の持株関係）がある場合において、特殊関係株主等と特殊関係内国法人の間に介在する外国法人及びこれらの外国法人によって発行済株式等の50％超を直接又は間接に保有されている外国法人です（措法66の9の2①、措令39の20の2）（図表4-30参照）。

●図表4-30　外国関係法人の範囲

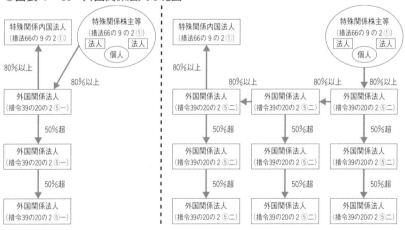

4　間接保有割合の計算

悠　タックス・ヘイブン税制（外国子会社合算税制）では、株式等の保有割合も合算所得の計算をする場合の割合もすべて掛け算方式でするようになっていますが、コーポレート・インバージョン対策税制でも同じような計算になるのでしょうか？

川田教授　特定関係があるか否かの判定（特殊関係株主等が特殊関係内国法人の発行済株式等の80％以上を間接的に保有する関係の判定）に当たっては、そこに何段階の保有関係が続いていようと、単純に持株割合を計算することとしています。具体的には図表4－31のようなイメージです。

それに対し、特殊関係株主等の所得に合算される所得金額（課税対象金額）の計算に当たっては、タックス・ヘイブン対策税制の場合と同様に掛け算方式によることとされています（措法66の9の2）。具体的には図表4－32のようなイメージです。

すなわち、この事例では、特殊関係株主等の所得に合算される金額は特定外国法人の所得100のうち64（＝100×80／100×80／100）となります。

●図表4－31　特殊関係の判定における間接保有割合

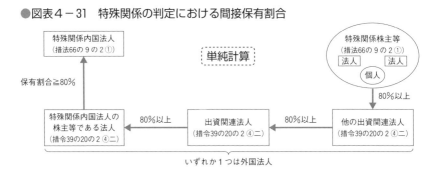

●図表4-32　特定関係の判定における保有割合と課税対象金額の計算における保有割合

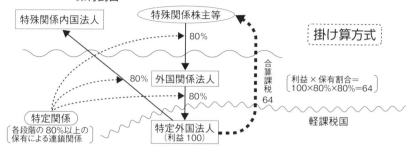

5　特定外国法人とは

健人　コーポレート・インバージョン対策税制における「特定外国法人」とはどのような法人をいうのでしょうか？

川田教授　ここでいう「特定外国法人」とは、外国関係法人のうち租税負担割合が著しく低い（20％以下）国又は地域に本社又は主たる事務所を有する法人です（措法66の9の2①、措令39の20の2⑦）。

具体的なイメージは、図表4-33のようになります。

●図表4-33　特定外国法人のイメージ

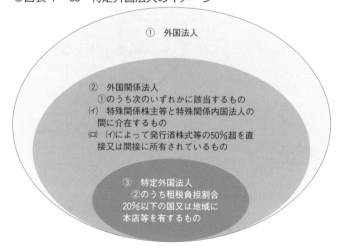

6 タックス・ヘイブン税制と競合した場合の調整

悠 コーポレート・インバージョン対策税制とタックス・ヘイブン対策税制が競合する可能性がありますが、その場合はどちらの規定が優先的に適用されることになるのでしょうか？

川田教授 両制度が競合した場合には、タックス・ヘイブン対策税制（外国子会社合算税制）を適用することになります。

具体的に問題になってくるのは、図表4－34に掲げるイメージ図の(A)の部分です。その部分については、コーポレート・インバージョン対策税制ではなく、タックス・ヘイブン対策税制の規定が適用されます。

●図表4－34 外国子会社合算税制とコーポレート・インバージョン対策合算税制の守備範囲

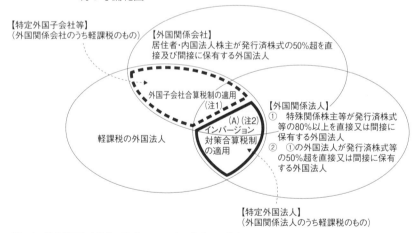

(注1) 特定外国子会社等の株式の10％以上を保有する株主
（措法66の6①各号に掲げる内国法人）について適用

(注2) 上図(A)部分が外国子会社合算税制とコーポレート・インバージョン対策税制との重複部分。具体的には、特殊関係株主である内国法人等が軽課税国所在の特定外国子会社等であり、かつ、コーポレート・インバージョン対策税制の対策である特定外国法人の株式を直接・間接に10％保有している場合である。
（出典）「改正税法のすべて」（平成19年版）－一部修正

7　タックス・ヘイブン税制との差（適用除外等）

悠　コーポレート・インバージョン対策税制でも、タックス・ヘイブン対策税制と同様に適用除外規定が設けられているとのことですが、両者間で何か差があるのでしょうか、また、財務諸表の添付義務などといった手続関係についても差はあるのでしょうか？

川田教授　いずれについても、両制度の間に差は設けられていません。

8　制度創設の効果

ゆめは　この制度は米国の制度を参考にしてつくられたということですが、この制度ができたことで、コーポレート・インバージョンを利用した租税回避はなくなったのでしょうか？

川田教授　米国でこの制度が導入されたのは2003年（IRC7874条）です。また、その際非居住者等に株式を譲渡する行為に対してもキャピタルゲイン課税をする旨の手当てがなされました（IRC367条）。

　その結果、タックス・ヘイブン国を親会社とした租税回避行為についてはかなりの程度まで規制できたようです。

　しかし、米国財務省が2006年にいったん公表したセーフ・ハーバーに対する規則案を2009年に取り下げ、個別審査方式とするなどガイドラインが不明確なままとなっていることなどから、現場では若干の混乱も見られるようです。

　また、2015年にスイスで開催された「国際租税協会（IFA）」では、米国におけるインバージョン回避行為の事例が紹介されています。

Column④

〜経済取引のグローバル化〜

川田教授 現在、情報交換手段や情報伝達手段の発達により、経済取引のグローバル化が急速に進展しています。

それに伴って、富裕層やグローバル企業は、さまざまな手段により租税回避行為を行うことが可能になってきています。

このような事態に対処するため各国の当局により種々の対抗措置が講じられてきました。前の授業で見てきた租税条約の拡大もそのなかの1つといえるでしょう。

悠 新設された出国税の導入などもその1つですね。

川田教授 ええ。個人富裕層に対しては国外送金等記録の当局への提出、国外財産調書制度による国外財産の把握や、ご指摘いただいた出国税の導入などがその代表例です。

ゆめは なるほど。どうも「出国税」という名前だけだと、何となくイメージがつきにくかった気がします…。

川田教授 そうですね。Lesson 19をよく復習してください。また、グローバル企業等については、移転価格税制、外国子会社合算税制、コーポレート・インバージョン税制、過少資本税制、過大支払利子税制等の措置が講じられています。

それらの内容については、これまで見てきたとおりですので、図表などを参考にしながらしっかりとイメージを固めてくださいね。

第5章
その他の国際関連税制

外貨建取引の換算等

　国際取引の多くは、自国通貨である円取引で行われるよりも、ドルやユーロといった通貨（外貨）で行われるのが一般的です。

　しかし、企業会計でも税務でも、決算のベースになるのは円ベースでの金額です。そのため、外貨建で行われた取引については、本邦通貨である円の金額に換算することが必要になってきます。これは、所得税や消費税の分野においても同様です。

　また、相続税や贈与税においても、在外財産等の評価について同様の問題が生じてきます。

1　外貨建取引とは

ゆめは　外貨建取引とはどのようなものをいうのでしょうか？

川田教授　「外貨建取引」とは、ドルやユーロといった「外国通貨」で支払が行われる資産の販売及び購入、役務の提供、金銭の貸付け及び借入れ、剰余金の配当（法人税法の場合のみ）及びその他の取引のことです（所法57の3①、法法61の8①）。

健人　「ドル建円払」のように、「表示面では外国通貨」になっているものの、「その支払は本邦通貨」によるとされているものがありますが、それらもそこでいう「外貨建取引」になりますか？

川田教授　なりません。税法でいう「外貨建取引」とは、あくまでその「支払」が「外国通貨」で行われる取引です。したがって、例えば債権債務の金額が「外国通貨」で表示されていても、その支払が「本邦通貨」で行われることとされているものは、税法上は外貨建取引には該当しないものとして取り扱われています（所基通57の3－1、法基通13の2－1－2）。

2 税法上の規定

ゆめは 外貨建取引については、それを円貨に換算する必要がありますが、税法でいう「外貨建取引」とはどのようなものをいうのですか？

川田教授 所得税法と法人税法で細かい点について表現の差はありますが、基本的には外国通貨で支払が行われる資産の販売及び購入、役務の提供、金銭の貸付け及び借入れ等の取引です。

ちなみに、所得税法、法人税法ではそれぞれ次のように規定されています。

> 所法57の3① 「外国通貨で支払が行われる資産の販売及び購入、役務の提供、金銭の貸付け及び借入れ、その他の取引」
> 法法61の8① 「外国通貨で支払が行われる資産の販売及び購入、役務の提供、金銭の貸付け及び借入れ、剰余金の配当その他の取引」

したがって、例えば債権・債務の金額が外国通貨で表示されていても、その支払が円貨で行われるようなものは、税法でいう外貨建取引にはなりません（法基通13の2－1－1）。

3 消費税での取扱い

健人 消費税において外貨建で取引が行われた場合はどのようになるのですか？

川田教授 外貨建取引は、消費税の分野においても行われています。しかし、消費税法のなかでは外貨建取引等に関する特例の規定は設けられておらず、通達で所得税、法人税の分野におけるのと同じやり方によることとされています（消基通10－1－7）。

4　円換算の方法

ゆめは　外貨建取引を円換算する場合、その換算はどのような方法によることになるのでしょうか？

川田教授　外貨建取引等を円に換算する場合、所得税でも法人税でも、原則として当該「外貨建取引を行った時における外国為替相場」により換算した金額によることとされています（所法57の3①、法法61の8①）。いわゆる「発生時換算法」と称されている方法です。

　この場合における円換算は、その取引を計上すべき日（取引日）における金融機関の「対顧客電信売買相場の仲値（いわゆるTTM）」によることとされています（所基通57の3－2本書、法基通13の2－1－2本書）。

　ただし、継続適用を要件として、「売上げその他の収益又は資産については、取引日の対顧客電信買相場（TTB）」、「仕入れその他の費用（損失を含む）又は負債については、取引日の電信売相場（TTS）」によることも認められています（所基通57の3－2ただし書、法基通13の2－1－2ただし書）。

　これは、消費税の場合にあっても同様です。

5　相続税・贈与税における円換算

悠　相続税や贈与税においても、国外所在財産が課税対象に取り込まれていますが、それらについても同様の問題（円換算問題）が生じてくるのでしょうか？

川田教授　相続税・贈与税においては、国外所在財産も原則として課税対象に取り込まれています（相法1の3①一、1の4①一）。その結果、在外財産の評価及びそれらの財産の所在地で課された相続税又は贈与税に相当する税について円換算が必要となってきます

（相法20の2、21の8、22）。

　ただし、円換算の具体的方法に関しては、すべて通達レベルで規定されています。

　例えば、「国外所在財産の評価」についてですが、原則として財産評価基本通達に定める評価方法によることとされています（評基通5－2本書）。

　また、それらの資産の円換算については、原則として納税義務者の取引金融機関が公表する最終の為替相場によることとされています（評基通4－3）。

悠　相続税や贈与税における在外財産の評価の際には、円貨への換算はどの時点で行うことになるのでしょうか？

川田教授　在外財産の評価は、第一義的には現地通貨ベースです。そのためそれを円貨に換算することが必要となってきます。その場合における外国通貨から円貨への換算は、原則として、納税義務者の取引金融機関（外貨預金・取引金融機関が特定されている場合は、その取引金融機関）が公表する「課税時期における最終の為替相場（対顧客直物電信買相場、いわゆるTTB）」によることとされています（評基通4－3本書）[*36]。

[*36]　ただし、債務についてはTTSが適用されます（評基通4－3注書）。

　なお、為替予約等によりその財産について為替相場が確定している場合には、そのレートによることとされています（評基通4－3なお書）。

6　先物為替契約がある場合

ゆめは　外貨建取引を行う場合、為替リスクがあると聞きました。そのようなリスクを回避する方法はないのでしょうか？

川田教授　あります。取引時に決済時の円換算額（例えば1ドル＝95

円）を確定させるやり方です。このようなやり方は一般に「先物為替契約等」と称されています。

健人 「先物為替契約等」により円換算額が確定している場合、どのような円換算レートにより円貨への換算を行うことになるのでしょうか？

川田教授 先物為替契約をしている場合には、支払うべき又は受け取るべき円貨の金額が当該為替予約日に確定しますので、そのときの予約レート（例えば1ドル＝95円）をもって確定した円貨で売上げ又は費用等の計上を行うことになります（法法61の8②、法基通13の2－1－4、13の2－2－6）。

7 期末時換算法

悠 企業会計では、期末に有する資産・負債について、決算期末に円換算するやり方（いわゆる「期末時換算法」）も認められているようですが、税務ではそのようなやり方は認められないのでしょうか？

川田教授 認められます。個人の場合はともかく、法人の場合にあってはかなりの規模で外貨建取引を行っている例も少なくありません。そこで、そのような場合にあっては、外貨建債権債務等のうち一定のものについて、原則的な換算法である「発生時換算法」に代えて、期末時に円換算を行ういわゆる「期末時換算法」を採用することも認められています（法法61の9、法令122の8、法基通13の2－2－5）。

　その場合の円換算は、原則的には「事業年度終了の日におけるTTM」ですが、継続適用を要件に、「資産」にあっては「当該事業年度終了の日のTTB」に、「負債」にあっては「当該事業終了の日のTTS」によることも認められています（法基通13の2－2－5）[*37]

＊37　なお、事務負担軽減のため、継続適用を要件に事業年度終了の日に代えて事業年度終了の日を含む１月以内の一定期間におけるTTM、TTB、TTSそれぞれの平均値によることも認められています（法基通13の２－２－５注書）。

8　発生時換算法と期末時換算法

ゆめは　「発生時換算法」、「期末時換算法」とはそれぞれどのような換算方法をいうのでしょうか？

川田教授　「発生時換算法」とは、外貨建資産等の取得等の基因となった外貨建取引の金額の円換算に用いた為替相場（取引基準）により換算した金額をもって事業年度終了時の円換算額とする方法です。また、「期末時換算法」とは、事業年度終了の時における為替相場により換算した金額をもって事業年度終了時の外貨建資産等の円換算額とする方法です（法法61の９①一イ）。

　ちなみに、「発生時換算法」と「期末時換算法」を一覧で示すと次のようになります（法法61の８①、法基通13の２－１－２）。

(1)　発生時換算法
　　・収益又は資産
　　　（原則）　取引日におけるTTM
　　　（特例）　取引日におけるTTB又は他の方法（ただし継続適用が要件）
　　・費用又は負債
　　　（原則）　取引日におけるTTM
　　　（特例）　取引日におけるTTS又は他の方法（ただし継続適用が要件）
(2)　期末時換算法
　　・資　　産
　　　（原則）　事業年度終了の日のTTB

（特例）　事業年度終了の日のTTM又は他の方法（ただし継続
　　　　　　適用が要件）
　・負　　　債
　　（原則）　事業年度終了の日のTTM
　　（特例）　事業年度終了の日のTTS又はその他の方法（ただし
　　　　　　継続適用が要件）

9　長期と短期

悠　「短期外貨建債権債務」、「短期外貨預金」、「長期外貨建債権債務」、「長期外貨預金」という用語が出てきますが、そこでいう「長期」と「短期」はどのような基準により区分されているのでしょうか？

川田教授　原則として1年基準です。すなわち「短期外貨建債権債務」とは、支払又は受取りの期日がその事業年度終了の日の翌日から1年を経過した日の前日までに到来するもの、「短期外貨預金」とは、満期日がその事業年度終了の日の翌日から1年を経過した日の前日までに到来するものです（法令122の4一・五）。

　他方、「長期外貨建債権債務」とは、外貨建債権債務のうち短期外貨建債権債務以外のものをいい、「長期外貨預金」とは、外貨預金のうち短期外貨預金以外のものをいうこととされています（法令122の4二・六）。

Lesson 27 海外勤務等に伴う課税問題

海外勤務等に伴う課税問題

　これまでは、主として外国から日本に投資をしたり、日本で事業活動等を営む非居住者、外国法人について見てきました。

　しかし、最近では、大企業のみならず中小企業でも、海外に工場を作ったり子会社を設立したりして事業活動を行うという事例が増加してきています。

　人口減少により、国内市場の拡大が見込めない昨今の状況の下においては、今後ともこのような流れは止まらないと思われます。

　それに伴い、従業員や役員として海外に赴任したりする例が増加してきています。

　そこで、ここでは、それらの人たちに関する問題を中心に見ていきます。

1　非居住者の範囲

ゆめは　会社の従業員等が海外赴任等で国外へ出る場合、それらの人たちは原則的には非居住者になると思いますが、そうでない場合もあるのでしょうか？

川田教授　所得税法で規定する「非居住者」とは、「居住者以外の個人」をいうこととされています（所法2①五）。

　具体的には、国内に住所を有しない者及び1年以上居所を有しない者がこれに該当することとなります。

　したがって、会社の従業員や役員が会社の命令により海外に赴任するような場合であれば、原則的には出国の時点から「非居住者」になると思われます[*38]。

　*38　ちなみに、国外に居住することとなった個人が、次のいずれかに該当すること

となった場合には、その者は、国内に住所を有しない者（「非居住者」）と推定されることとなっています（所令15）。

① その者が国外において、継続して1年以上居住することを通常必要とする職業を有すること。

② その者が外国の国籍を有し又は外国の法令によりその外国に永住する許可を受けており、かつ、その者が国内において生計を一にする配偶者その他の親族を有しないこと、その他国内におけるその者の職業及び資産の有無等の状況に照らし、その者が再び国内に帰り、主として国内に居住すると推測するに足りる事実がないこと。

2 出国の意義

ゆめは そこでいう出国とはどのような事実をいうのですか？

川田教授 所得税法上でいう「出国」とは、国税通則法117条で規定する納税管理人の届出をしないで国内に住所等を有しなくなることです（所法2①四十二）。以下ではこれを単に出国ということとします。

3 月の中途に出国した場合

健人 月の中途で納税管理人の届出をせずに出国した者がいる場合において、その者の、出国後にその月の給与を支給するときも、支払者側で源泉徴収が必要になるのでしょうか？

川田教授 ① 給与等の計算期間の中途において、居住者から非居住者となった日以後に支給期の到来する当該期間の給与等のうち、当該計算期間が1月以下であるものについては、その全額がその者の国内において行った勤務に対応するものである場合を除き、その総額を国内源泉所得に該当しないものとして取り扱って差し支えないものとされています（所基通212－3）。

●図表５−１　給付支給イメージ

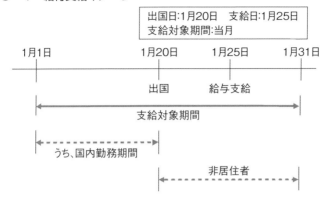

②　例えば、赴任日が20日、給与支給日がその月の25日というような場合、給与の支払は出国後となります。しかし、計算期間は１月以下ですので、全額が国外源泉所得となり、源泉徴収も必要ありません（所法212）。

具体的には図表５−１のようなイメージです。

ただし、出国後に支払われる通常の給与であったとしても、その計算対象期間が例えば前暦月となっているような場合には、その全額が国内における勤務に対応する部分ということになり、源泉徴収が必要となりますので、注意してください。

4　本邦法人の役員の海外赴任

健人　海外赴任者が日本法人の役員である場合、従業員と何か差が生じてくるのでしょうか？

川田教授　海外赴任者が日本の法人の「役員」である場合には、その給与は国内源泉所得として取り扱われます（所法161八イかっこ書）。

したがって、その人に対して支給される給与等については、20％（復興税を含め20.42％）の源泉徴収が必要となってきます[39]。

*39　ここでいう役員には、例えば取締役支店長など内国法人の使用人として常時勤

務を行う者は含まれません（所令285①一かっこ書、所基通161－29）。

　なお、租税条約で国内法と別途の定めがなされている場合には、租税条約の定めるところによることとなります。

健人　期間を決めないで赴任し、結果的に現地での滞在が１年超になった場合にはどういう扱いになり、また、家族同伴でなく単身赴任だった場合はどうなるのでしょうか？

川田教授　出国後１年以内は居住者、その後は非居住者ということになります。

　それは、海外赴任者が単身の場合であっても同様です。なお、海外赴任をしていた人が任期満了等で帰国した場合には、帰国した日の翌日から居住者となります（所基通２－４）。

5　出国の手続

ゆめは　出国に当たっては、何か特別の手続が必要になるのでしょうか？

川田教授　海外赴任の形態によっても異なります。例えば、滞在期間が１年以内であれば、その人は出国後もわが国の居住者に該当しますので、特段の手続は不要です。

　それ以外の場合であれば、出国時から非居住者となりますので、出国時までに、日本国内で支給された給与に係る源泉徴収所得税について精算する必要があります（所法126、127）。海外赴任者が給与所得だけであれば、通常の年末調整と同じ方法によりますので、次の書類を会社に提出することが必要になります。

① 　給与所得者の保険料控除申告書
② 　給与所得者の扶養控除申告書
　（配偶者特別控除が受けられる場合にあっては、給与所得者の配偶者特別控除申告書）

Lesson 27　海外勤務等に伴う課税問題

6　非居住者

ゆめは　海外赴任により非居住者になれば、わが国での課税は一切なくなるのですか？

川田教授　そうではありません。海外赴任後であっても、日本国内で不動産の貸付けによる所得や国内にある資産の譲渡等（いわゆる国内源泉所得）がある場合には、それらの所得は国内源泉所得になります（所法161各号）ので、たとえ非居住者になっていたとしても、わが国で申告、納税が必要になります。

7　納税管理人

健人　国内源泉所得については、たとえ海外赴任等によって非居住者になっていたとしても、わが国で申告、納付が必要になるということは分かりましたが、本人は海外にいますので、日本国内での申告、納付はどうすればよいのでしょうか……。

川田教授　国内源泉所得を有する個人で、確定申告等が必要となる場合、「納税管理人」の選定、届出が義務付けられています（通則法117）。

健人　すべての場合について「納税管理人」の選定、届出が必要なのでしょうか？

川田教授　「納税管理人」の選定、届出が必要とされるのは、個人である納税者が非居住者となる場合において、納税申告書の提出その他国税に関する事務を処理する必要がある場合と限られています（通則法117①）[*40]。

[*40]　なお、納税者が法人（外国法人に限ります）の場合において、それらの法人が国内に事務所及び事業所を有せず、若しくは有しないこととなる場合において、納税申告書を提出する必要がある場合等もこれと同様です。

そして、「納税管理人」を選定した場合には、その非居住者の納税地を所管する税務署長に対し「所得税の納税管理人の届出書」を提出しなければならないこととされています（通則法117②）。ちなみに、「納税管理人」の選定、届出が必要になるのは、国内に不動産等を有し、それを賃貸したりして不動産所得がある場合などです[*41]。

> [*41] 国内にある預金に係る利子等のように分離課税となっているものについては、たとえ国内源泉所得があったとしても納税管理人の選定は不要です。

8　中途出国者に対するボーナス、給与等の差額支給

悠　会社によっては、年の中途で出国した者に対し、年末又は期末にボーナスや給与の差額支給を行うことがあります。そのような場合、全てが国内源泉所得になるのでしょうか。それとも全て国外源泉所得になるのでしょうか？

川田教授　期間按分（日数按分）により国内源泉所得分と国外源泉所得分を振り分けることになります。

9　帰国後の課税関係

悠　海外出国者等が帰国した場合における課税関係はどのようになるのでしょうか？

川田教授　海外赴任により非居住者となっていた者が任期満了又は中途で帰国した場合には、非居住者から居住者となります。ご承知のように、非居住者については国内源泉所得のみが課税ですが、居住者となった以降は国内、国外を問わず、全ての所得に対して課税となります。

　具体的には、図表5-2のようなイメージになります。

　なお、各種の控除等は次により計算されます。

Lesson 27　海外勤務等に伴う課税問題

① 医療費控除、社会保険料控除、小規模企業共済等掛金控除、生命保険料控除、地震保険料控除の各控除の額は、居住者期間（帰国後）に支払ったこれらの金額を基として計算します。
② 配偶者控除、扶養控除、障害者控除、寡婦（夫）控除、勤労学生控除の各控除の額は、その年の12月31日の現況により判定したところで計算します。

●図表5-2　帰国後の課税イメージ

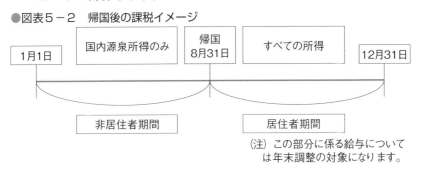

Column⑤

〜もし海外転勤になったら〜

健人 先生、僕は将来世界的な会計事務所で働くことが夢なのですが、いまから準備しておいた方がいいことはありますか？

川田教授 そうですね……。英語が話せるのは大きな武器になることは間違いないでしょうが、健人くんなら問題ないでしょう。そうすると、まずは海外取引がどういった形で行われているのかについて学ぶことが大切です。

というのも、グローバル化した経済の下では海外取引のウェイトが大きくなり、外国通貨を用いた取引が増加しています。しかし、課税所得の計算は日本であれば、本邦通貨で行われることから、外貨建取引の円換算方法について十分に理解しておくことが必要ですね。

ゆめは 川田先生、私は税理士として海外進出を考えている企業のお手伝いができたらと考えています。その場合は、どういった点に注意すべきなのでしょうか？

川田教授 現在は、本邦企業の海外進出に伴い、現地に派遣される従業員等が増加し、それに伴う課税問題への関心も高まっています。

ゆめはさんも健人くんと同じく、やはり海外取引のイメージを掴んでおくことが大事です。また中小企業庁や各地の法人会や商工会議所などでも積極的な中小企業の海外進出支援策を講じていますので、そうした情報に精通することです。

第6章

国際相続・贈与

国際相続・贈与(1)

1 所得税、法人税と異なる独特の難しさ

　所得税や法人税と比較し、相続税の分野については、従来、どちらかといえば国際的側面は等閑視されてきました。しかし、2009年のロンドンサミットにおいて、個人富裕層によるタックス・ヘイブンを利用した国際的租税回避が大規模に行われており、それが国際的金融危機の引き金になったのではないかとの問題提起があり、それへの対処が必要である旨の共同宣言がなされました。

　それを受けて、同年5月に開催された税務長官会合（Forum on Tax Administration、通常「FTA」と略す）でも、個人富裕層による国際的租税回避に積極的に対処していくことで合意しています。そして、個人富裕層による国際的租税回避行為を解明するため、各国間で情報交換等をより活発化していくこととしています。

　道路1つ隔てれば別の国という欧州などでは、資産の国外への持出しや国内への持込みが容易なため、所得税だけでなく相続税や贈与税等についても、国際的租税回避や脱税等の事例が頻繁に見られます。

　わが国でも、ここ数年、毎年のように相続税・贈与税等をめぐって国外への資産の隠蔽が摘発された事例や、国外資産の贈与等をめぐる事例等がマスコミ等で大々的に報道されるようになってきています。

　所得税や法人税の場合と異なり、相続税・贈与税については、そもそもそのような税が他国に存在していなかったり（例えばシンガポール）、存在していてもわが国のような遺産取得者課税、受贈者課税でなく、遺産税、贈与者課税を採用している国（例えば米国）など、制度自体がかなり異なっているのが通例です。また、カナダなどのよう

に被相続人の死亡時に資産の譲渡があったとみなして譲渡益課税（所得税課税）としている国もあります。そのため、相続税・贈与税の分野においては、他の税目に見られないような難しさが存在しています。

そこで今回は、国際相続・贈与の問題について見ていきます。

2 被相続人の本国法が適用

ゆめは 国際相続に関しては、他の税目に見られないような特色があるとのことですが、例えばどういう点に特色があるのでしょうか？

川田教授 そもそも税法以前の問題として、各国でわが国の民法（相続）に相当する法律に差があり、相続や贈与に際し、どの国の法令を適用すべきかという点が問題となってきます。

このような国際間相続に対処するため「法の適用に関する通則法」という特別な法律が設けられています。そこでは、「相続は被相続人の本国法による。」と規定されています（同法36）。

したがって、わが国に居住する外国人に係る相続等については、わが国の民法ではなく、死亡した人の本国法が適用されます。その結果、例えば死亡者がフランス人だった場合、日本の民法の下では夫婦と認められない同居者についても、フランス法の下では配偶者として扱われますので、配偶者控除が受けられるということになります。

また、相続人の範囲についても、例えば韓国では、4親等以内の傍系血族の人も範囲に含まれていたり、代襲相続についても兄弟姉妹の孫等にも認められているなど、わが国のそれよりも広くなっています。他方、配偶者の法定相続分については原則3分の1とわが国よりも少なくなっています。

3 各国で異なる相続税の制度

健人 相続税自体については、どうでしょうか？

川田教授 この点についても、他の税目に見られないような特色があります。例えば、シンガポールや香港などのように、相続税や贈与税がまったく存在していない国がありますし、カナダなどのように死亡者が死亡時に自己の有する資産をすべて売却したとみなして、譲渡所得課税をすることとしている国もあります。さらに、米国などのようにわが国と類似した税はあるものの、相続税は遺産課税方式、贈与税については贈与者課税としている国もあります。

なお、わが国と同じ課税方式を採用しているものの、国レベルでなく地方レベルでそれらの税を課すこととしている国もあります（例えば、スイス）。このように国によって大きな差があるところから、相続税は国際的租税回避等がもっとも行われやすい税目といわれています。

4 納税義務者の区分

悠 わが国の相続税・贈与税では、非居住無制限納税義務者も制限納税義務者も、相続又は贈与により財産を取得した時における住所は国外となっているのに、前者にあっては、全世界財産が課税対象とされ、後者にあっては、日本国内に所在する財産のみが課税対象とされているのはどうしてなのでしょうか？

川田教授 よいところに気がつきましたね。もともとは、相続又は贈与により財産を取得した時にわが国に住所があれば無制限納税義務者、そうでなければ制限納税義務者とされ、制限納税義務者に対しては国内所在財産のみに対し相続税又は贈与税を課すこととしていました。

●図表6−1　相続税・贈与税の納税義務者区分と課税の範囲

納税義務者の区分	相続又は贈与により財産を取得した時の住所	課税対象となる財産の所在地
① 居住無制限納税義務者（相法1の3①一、1の4①一）	日本	全世界（相法2一、2の2一）
② 非居住無制限納税義務者（相法1の3①二、1の4①二）	国外	全世界（相法2二、2の2二）
③ 制限納税義務者（相法1の3①三、1の4①三）	国外	日本

　しかし、その制度の下では、例えば、国内にある財産を海外に移した上で子供を海外に住まわせ、その後、海外にある財産を相続又は贈与することとした場合には、わが国では相続税も贈与税も課されないことになってしまいます。

　このような手法による相続税及び贈与税の租税回避事例がみられるようになったことから、平成12年度の税制改正で新たに非居住無制限納税義務者という区分が設けられたという次第です（図表6−1）。

5　海外赴任中に相続・贈与があった場合

健人　海外赴任の前後で相続や贈与があった場合にはどうなるのでしょうか。

川田教授　相続税（贈与税も同じ）においては、たとえ非居住者となったとしても、被相続人若しくは相続人（又は贈与者若しくは受贈者）のいずれかが日本の居住者である場合は、無制限納税義務者となります。

　また、それらの者のいずれもが国内に居住していなかったとしても、それらの者が日本国籍保有者である場合には、ともに双方が5年超の非居住者でない限り、無制限納税者として、全世界所在財産について納税義務を負うこととされています。

このような制限をクリアするケースはほとんどないと思いますので、日本国籍所有者であれば、原則として全世界所在財産について相続税（贈与税）の納税義務を負うことになると思われます。

29 国際相続・贈与(2)

「居住者」、「非居住者」の概念は、相続税、贈与税においても用いられています。

それは、わが国の相続税、贈与税が、居住者に対し全世界所在財産に対し課税するという方式を採用しているためです。

なお、相続税、贈与税においては、「非居住者」であっても、全世界所在財産について納税義務を負う「非居住無制限納税義務者」というユニークな概念が導入されています。

1 相続税における「居住者」、「非居住者」

ゆめは 相続税法上、「居住者」、「非居住者」に関する定義規定が設けられているのでしょうか?

川田教授 相続税法においては、「居住者」、「非居住者」に関する法令上の定義規定は設けられていませんが、相続又は遺贈により財産を取得した個人を、当該財産を取得したときにおいて「日本に住所を有するか否か」及び「国籍」の有無により、納税義務等につき差を設けています(相法1の3、1の4)。

ちなみに、相続税及び贈与税における納税義務者は、相続又は贈与の時点において「相続人」又は「受贈者」が国内に住所を有しているか否かにより「居住無制限納税義務者」と「制限納税義務者」に区分されています(相法1の3①、1の4①)。

2 「非居住無制限納税義務者」とは

健人 相続税・贈与税では、「非居住者」であっても「居住者」と同様の納税義務を負う者がいると聞きましたが、どのような人がそれ

に該当するのでしょうか？

川田教授 「非居住無制限納税義務者」がそれに該当します。

具体的には、相続又は贈与が発生した時点において、「非居住者」であった個人である相続人（又は受贈者）が「日本国籍」を有している場合であって、かつ、「相続（又は贈与）前5年以内に日本国内に住所を有していた」者です。

これらの者は、たとえ相続（又は贈与）時点において国内に住所を有していなかった場合であったとしても、国内外で取得したすべての財産について、相続税（若しくは贈与税）の納税義務を負うこととされています（相法1の3①二、1の4①二）。

3 非居住無制限納税義務者制度が設けられた理由

悠 非居住無制限納税義務者のような制度は、諸外国でも設けられているのでしょうか？

また、どうしてそのような制度が設けられたのでしょうか。

川田教授 国籍主義課税によることとされている米国を別にすれば、わが国独自の制度です。

かつてはわが国においても、相続税（若しくは贈与税）の納税義務者が「居住者」であるか「非居住者」であるかのみに着目して課税範囲を決定することとしていました（「居住者」＝無制限納税義務者、「非居住者」＝制限納税義務者）。

しかし、相続人（又は受贈者）を非居住者とし、これに国外財産を相続（又は受贈）させることにより、相続税（又は贈与税）を免れるというケースが散見され、なかには訴訟になったものもありました（武富士事件）。そこで、平成12年の税制改正で現行のような制度に改められたという次第です。

なお、国籍の有無（永住権を含む）に着目した課税は、わが国以

●図表6-2　相続税・贈与税の納税義務者と課税範囲

被相続人 贈与者 (国籍を問わない)	相続人 受遺者 受贈者	法施行地に 住所あり	法施行地に住所なし		
			日本国籍あり		日本国籍なし
			5年以内のある 時点で法施行 地に住所あり	5年を超えて法 施行地に住所 なし	
法施行地に住所あり		居住無制限納税義務者	非居住無制限納税義務者		制限納税義務者
			全世界財産に課税		
法施行地に 住所なし	5年以内のある時 点で法施行地に 住所あり	全世界財産に課税			
	5年を超えて法施 行地に住所なし			法施行地内の財産のみに課税	

（出典）税務大学校講本「相続税法」〔平成26年版〕7頁を一部修正

外でも用いられています。

　さらに、その後においても例えば外国居住する子供や孫に外国籍を取得させ、居住者がそれらの者に国外財産を相続・贈与させることにより、相続税や贈与税を回避するという事例が発生しました。そのため、平成25年の税制改正でそれらの者も非居住無制限納税義務者に追加されました。

　その結果、現在の相続税・贈与税の納税義務者と課税範囲は図表6-2のようになっています。

4　制限納税義務者

健人　通常の非居住者はどのようになるのでしょうか。

川田教授　非居住無制限納税義務者に該当しない非居住者は、制限納税義務者とされ、わが国に所在する財産についてのみ納税義務を負うこととなります。図表6-2右下の部分です。

5　財産の所在地をどう判定するか

悠　制限納税義務者にあっては、国内所在財産のみが課税対象になる

とのことですが、財産の所在地の判定はどのように行うのでしょうか？

川田教授 例えば、国債や地方債については、発行体が日本であれば国内所在財産、国外であれば国外所在財産となります（相法10②）。また、社債や株式等の場合は発行法人の本店所在地となります（相法10①八）。

ちなみに、それ以外の主な財産の所在地は次のようになっています（相法10）。

---

① 動産又は不動産……その動産（現金を含む）又は不動産の所在地
② 金融機関に対する預貯金、積金又は寄託金……その受入れをした営業所又は事業所の所在地
③ 生命保険契約又は損害保険契約の保険金……その契約に係る保険会社の本店又は主たる事務所の所在地（それが日本国内にないときは当該保険の契約を行う営業所、事務所等の所在地）
④ 退職手当金等……その給与を支払った者の住所又は本店若しくは主たる事務所の所在地（③に同じ）
⑤ 貸付金債権……債務者の住所又は本店若しくは主たる事務所の所在地
⑥ その他の財産……その財産の権利者であった被相続人、遺贈者又は贈与者の住所地

なお、国外所在財産について当該財産の所在地国で相続税又は贈与税に相当する税が課された場合には、国際間の二重課税を防止するため、外国税額控除が認められています（相法20の2、21の8）。
　ちなみに、財産がどこにあるのか所在の判定は、図表6－3により行うこととされています。

● 図表6-3　財産の所在の判定

財産の種類	所在の判定
動産	その動産の所在による。
不動産又は不動産の上に存する権利 船舶又は航空機	その不動産の所在による。 船籍又は航空機の登録をした機関の所在による。
鉱業権、租鉱権、採石権	鉱区又は採石場の所在による。
漁業権又は入漁権	漁場に最も近い沿岸の属する市町村又はこれに相当する行政区画による。
預金、貯金、積金又は寄託金で次に掲げるもの (1) 銀行、無尽会社又は株式会社商工組合中央金庫に対する預金、貯金又は積金 (2) 農業協同組合、農業協同組合連合会、水産業協同組合、信用協同組合、信用金庫又は、労働金庫に対する預金、貯金又は積金	その受入れをした営業所又は事業所の所在による。
生命保険契約又は損害保険契約などの保険金	これらの契約を締結した保険会社の本店又は主たる事務所の所在による。
退職手当金等	退職手当金等を支払った者の住所又は本店若しくは主たる事務所の所在による。
貸付金債権	その債務者の住所又は本店若しくは主たる事務所の所在による。
社債、株式、法人に対する出資又は外国預託証券	その社債若しくは株式の発行法人、出資されている法人、又は外国預託証券に係る株式の発行法人の本店又は主たる事務所の所在による。
合同運用信託、投資信託及び外国投資信託又は法人課税信託に関する権利	これらの信託の引受けをした営業所又は事業所の所在による。
特許権、実用新案権、意匠権、商標権等	その登録をした機関の所在による。
著作権、出版権、著作隣接権	これらの権利の目的物を発行する営業所または事業所の所在による。
上記財産以外の財産で、営業上又は事業上の権利（売掛金等のほか営業権、電話加入権等）	その営業所又は事業所の所在による。
国債、地方債	国債及び地方債は、法施行地（日本国内）に所在するものとする。外国又は外国の地方公共団体その他これに準ずるものの発行する公債は、その外国に所在するものとする。
その他の財産	その財産の権利者であった被相続人の住所による。

（相法1の3、2、10、21の14、21の15、21の16、相令1の13、1の15、相基通1の3・1の4共－5、1の3・1の4共－6、10－6）

国際相続・贈与(3)

1 被相続人、贈与者の国籍

悠 「相続人」又は「受贈者」については、日本国籍の有無が「非居住無制限納税義務者」と「制限納税義務者」を区分するメルクマールになっているということですが、「被相続人」や「贈与者」についてはどうなっているのでしょうか？

川田教授 「被相続人」及び「贈与者」については国籍要件は付されていません（相法1の3二かっこ書、1の4二かっこ書）。

　その結果、例えば「相続人（又は受贈者）」が「非居住者であり、かつ日本国籍を有していない場合」には、その者は「制限納税義務者」となり国内財産についてしか納税義務を負いません。他方、「相続人（又は受贈者）」が「日本国籍を有している場合」には、被相続人と相続人の双方が（贈与税にあっては贈与者と受贈者のいずれもが）5年超国内に住所を有していない場合でない限り、全世界所在財産について納税義務を負うこととなります。

2 財産の評価

健人 相続又は贈与によって取得した財産の評価は、国内所在財産については財産評価通達で規定するところによることとなると思いますが、国外所在財産についてはどのように評価することとなるのでしょうか？

川田教授 相続税及び贈与税に係る財産の評価は、地上権など法律で評価方法が定められているもの（相法23～26）を除き、相続又は贈与により取得した財産の取得の時における時価により行うことと

されています（相法22）。具体的には、財産評価基本通達の定めるところにより評価することとなります。

　国外にある財産の評価についても、原則として同通達に定める評価方法により評価することとなります（評基通5-2）[*42]。

*42　なお、同通達によって評価することができない資産については、同通達に定める評価方法に準ずる方法又は売買実例価額、精通者意見価格等によることもできることとされています（評基通5-2なお書）。

3　邦貨への換算

悠　国外所在財産については原則として外貨表示になっていると思いますが、それらの邦貨への換算はどのようにするのでしょうか？

川田教授　国外にある財産の邦貨への換算は、原則として納税義務者の取引金融機関が公表する課税時期における最終の為替相場の対顧客直物電信買相場（いわゆるTTB）又はこれに準ずる相場によることとされています（評基通4-3）。

4　外国税額控除

悠　国外財産を相続したり、国外財産の贈与を受けた場合において、その財産に対して外国の法令により相続税（又はこれに類する税）が課されたときはどうなるのでしょうか？

川田教授　相続又は贈与により取得した財産について、その財産の所在地国において相続税に相当する税が課された場合には、その課された相続税に相当する金額はその者の算出税額から控除することとされています（相法20の2、相基通20の2-1、2）

　具体的には次のようなイメージです。

ステップ1　各人ごとの相続税額の計算

　相続税の総額を、財産を取得した人の課税価格に応じて割り振って、

財産を取得した人ごとの税額を計算します。

相続税の総額×各人の課税価格÷課税価格の合計額＝各相続人等の税額

ステップ2 各人の納付税額の計算

ステップ1で計算した各相続人等の税額から各種の税額控除額を差し引いた残りの額が各人の納付税額になります。

各種の税額控除等は下記算式の順序で計算します（相法11〜20の2、21の9〜16、33の2、相基通16－1〜16－3、19－11、20の2－4）。

<算　式>

各相続人等の税額 ＋ 相続税額の2割加算 － 暦年課税分の贈与税額控除 － 配偶者の税額軽減 － 未成年者控除 － 障害者控除 － 相次相続控除 － 外国税額控除 ＝ 各相続人等の控除後の税額
（赤字の場合は0になる）

各相続人等の控除後の税額 － 相続時精算課税分の贈与税相当額（外国税額控除前の税額） ＝ 各相続人等の納付すべき税額

（出典）　国税庁タックスアンサー

Column⑥

～国を越えた相続・贈与⁉～

悠 先生、そういえば以前日本に居住していない子供に贈与をした事例や外国籍の孫に贈与をするといった事例がありましたね。

川田教授 ええ。相続税・贈与税の分野で「居住者」、「非居住者」の内容がテーマになった事例ですね。これらの事例に見られるように富裕層の人たちは国内のみでなく、国際的な制度の差等についても強い関心を有しています。特に、相続税や贈与税については、国によっては、そのような税目自体が存在していなかったり、相続税・贈与税に代えて、死亡時に被相続人から相続人に財産の譲渡があったとみなして譲渡所得課税を行っている国があります。

健人 それは二重課税が生じるということですね。

川田教授 そうです。結果的に、このような制度の差によって国際的な二重課税が解消されないという事態が生じてきます。

　また、同時に相続税・贈与税におけるこのような制度の差の存在には、国際的租税回避の手段としても利用することもあります。今後の国際課税をめぐる議論のなかでこの国を越えた相続や贈与といったテーマはより大きくなってくるはずです。日本における過去の事例もひも解きながらその論点を注視すべきテーマの1つです。

健人・ゆめは はい！

川田教授 その意気です。今回の講義はこれで終わりですが、これからも頑張ってくださいね。期待しています。

第7章

そこが知りたい！
国際課税の疑問点
（Q＆A）

はじめに

本章では、これまでに見てきた各章のテーマにおいて、よくある疑問点や解釈の難しい部分などについて①Q＆A形式や②参考資料をまじえつつ見ていくことにします。

━━━━━━ ◆◇**第1章　国際課税の基礎知識**◇◆ ━━━━━━

Q1　「住所」、「居住」の概念

「居住者」と「非居住者」の区分基準となる「住所」、「居住」とはどのような概念なのでしょうか。

Ⓐ　「住所」とは、「生活の本拠」です（民法22）。そして、「生活の本拠」がどこにあるのかについては、客観的事実によって判断することとされています（所基通2－1）。

また、「居住」については、法令上明確な定義はなされていませんが、「『住所以外の場所』において、人が相当期間継続して居住する場所」と解されています。したがって、国内に「住所」がない場合であっても、1年以上の「居住」があれば、その者は居住者ということとなります（所法2①三、国税庁タックス・アンサー2875）。

Q2　従業員の海外派遣と居住者、非居住者の区分

従業員を海外に派遣する場合、出張ベースで派遣するのと駐在という形で派遣するのとで税務上何か差が生じてくるのでしょうか。

Ⓐ　出張ベースであれば原則短期滞在なので「居住者」となります[*43]。

*43 ただし、そのような場合であっても結果的に海外派遣が1年以上にわたるような場合には1年経過した日以降は非居住者となります。

駐在ベースであれば原則出国時から「非居住者」です（所令15①一）。それに対し、「駐在」という形では、派遣であれば、ある程度の期間（原則として1年以上）の相手国での滞在が予定され、かつ、相手国でのビザ取得等も義務付けられている場合が多いと思われます。したがって、このような形での派遣であれば一般的には出国の日から非居住者として扱われることになります（所令15①一）。

> **Q3 在留届**
> 海外に一定期間以上滞在する日本人には、在外公館への届出が義務付けられているとのことですが、それはどのようなもので、どのような内容のものなのでしょうか。

Ⓐ 外国に住所又は居所を定めて3か月以上滞在する日本人は、その地を管轄する大使館又は総領事館（在外公館に、在留届の提出が義務付けられています。これは、事件や事故があった場合、あなたの安否確認、留守宅への連絡等のためにも不可欠です*44。

しかし、現地で在留届を出しているからといってそれだけで「非居住者」になるわけではありませんので注意してください。

*44 在留届の用紙は国内でも入手できますし、現地の在外公館で受け取ることもできます。また、「在留届電子届出システム（ORRnet）」というインターネットサイトより届出をすることも可能です。在留届には、あなたの氏名、本籍、旅券番号、海外での住所、留守宅などの連絡先、同居家族等の記載が必要です。

Q4　出国と準確定申告、納付
　会社の都合で、このたび海外に赴任することになりました。会社からの収入のほか家賃収入もありますが、海外赴任に際して、税務上何か特別の手続が必要なのでしょうか。

Ⓐ　納税管理人の届出のない場合、出国時までにその年分に係る準確定申告書の提出と納付が必要です。居住者で、確定申告義務のある者が確定申告書の提出期限までに納税管理人の届出をしないで出国する場合には、出国時までに確定申告（いわゆる準確定申告）をするとともに所要税額の納付をしなければならないこととされています（所法2①四十二、126、127）。

　この場合、従前から確定申告をしてこられたとのことですので、出国時までに国税通則法117条に規定する「納税管理人」の届出をしない場合にはこの手続が必要になってきます。

Q5　帰国者に係る年末調整
　長期赴任予定者が都合により1年以内で帰国した場合、その年の年末調整はどのような形で行うことになるのでしょうか。

Ⓐ　帰国後（すなわち居住期間内のみ）の期間に支払われた給与のみを合計する形で年末調整を行うことになります。年末調整は、その年中に支払うべきことが確定した給与等を対象として行うこととされています（所法190）。したがって、その社員が出国時と同じ年に帰国していたとしますと、出国時に年末調整をしています（所法102）ので帰国後に受けた給与とあわせたところで再度年末調整を行うこととなります。具体的には、次のようなイメージです。

第1章　国際課税の基礎知識関係

●図表7-1

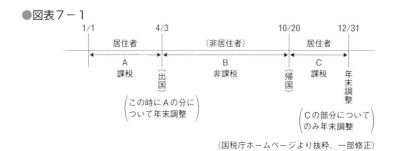

（国税庁ホームページより抜粋、一部修正）

> **Q6　帰属主義の下における恒久的施設帰属所得の計算**
> 帰属主義の下における恒久的施設帰属所得の計算はどのように行うのでしょうか。

Ⓐ　AOA原則（Authorized OECD Approach）*45により行うこととなります。

具体的には、次の2つのステップを経て計算されます。

【第1ステップ】
⇒機能・事実分析によって以下を特定等（所法161、165、法法138、142の4、新146の2）
①　外部取引に係る所得の帰属
　恒久的施設の果たす機能及び事実関係に基づき、外国法人が外部の者と行った取引から生ずる所得の帰属の特定
②　資産の帰属
　恒久的施設が果たす機能及び事実関係に基づく資産の帰属の特定
③　リスクの帰属
　恒久的施設の果たす機能及び事実関係に基づくリスクの帰属の特定
④　内部取引の認識・性質決定
　恒久的施設と本店等との間で行われた内部取引の認識・性質決定
⑤　資本の帰属

・恒久的施設に帰属する資産・リスクに応じた資本の帰属

【第2ステップ】
⇒移転価格税制による取引価格の是正（措法66の4、新66の4の3）
①　恒久的施設と国外関連者間の取引に対する移転価格税制の適用
②　恒久的施設と本店等間の内部取引に対する移転価格税制の適用
・内部取引と非関連者取引との比較可能性分析（資産の種類、役務の内容、恒久的施設が果たす機能等）
・内部取引に係る独立企業間価格の算定（移転価格税制における独立企業間価格の算定方法と同様の方法）

　　＊45　AOA原則の詳細については、OECDの「恒久的施設への利得の帰属に関するレポート2010」（パート1．パラグラフ10）を参照してください。

> **Q7　恒久的施設に係る取引の文書化**
> 　恒久的施設帰属所得は、恒久的施設が果たす機能等を勘案してその所得を計算することとされているとのことですが、それらの取引についての記録等の作成等はどのようにすればよいのでしょうか。

Ⓐ　非居住者又は外国法人が外部の者と行った取引が恒久的施設に帰せられるかどうかの判定や内部取引において恒久的施設が果たす機能や役割の分析等を行うため、外部取引・内部取引のそれぞれについて次のような書類を作成しなければならないこととされています。
①　恒久的施設帰属外部取引に関する事項（所法166の2①）
②　内部取引に関する事項（所法166の2②）

◆◇第2章　国際的な二重課税の排除◇◆

> **Q8　高率負担部分の取扱い**
> 外国法人税に該当するものであっても、高率負担部分については外国税額控除の対象にならないとのことですが、その部分についてはどのようになるのでしょうか。

Ⓐ　外国法人税のうち負担割合35％を超える部分については損金算入することになります（法法69①かっこ書、法令142の3）。具体的には次のようなイメージです。

●図表7－2　具体例：高率負担部分に関するイメージ図
前提：外国法人税の課税標準＝1,000、これに対する外国法人税率＝40％

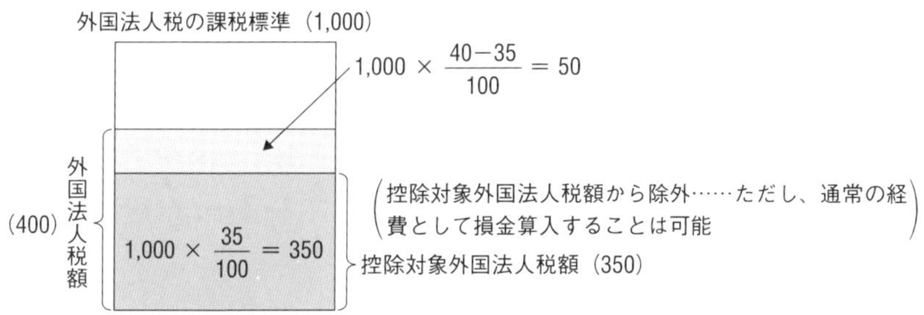

外国法人税の課税標準（1,000）

$$1,000 \times \frac{40-35}{100} = 50$$

外国法人税額（400）

$$1,000 \times \frac{35}{100} = 350$$

（控除対象外国法人税額から除外……ただし、通常の経費として損金算入することは可能）

控除対象外国法人税額（350）

（注）この部分が控除対象部分から外れ、損金算入となります。
　　なお、所得に対する負担が高率な部分の金額に該当するか否かの判断は、内国法人が納付することとなるそれぞれの外国法人税ごとに行うこととなります（法基通16－3－22）。

> **Q9　控除可能外国法人税**
> 控除可能な外国法人税には、どのようなものがあるのでしょうか。

Ⓐ　控除可能な外国法人税とは外国の法令に基づき外国又はその地方公共団体により法人の所得を課税標準として課される税です（法法69①、法令141①・②）。具体的には、次のいずれかに該当する税であり、名目の如何は問わないこととされています（法令141②各号）。

① 法人の所得を課税標準として課される税（法令141①）
② 超過利潤税その他法人の所得の特定の部分を課税標準として課される税（法令141②一）
③ ①又は②に掲げる税の附加税（同項二）
④ ①に掲げる税と同一の税目に属する税で、法人の特定の所得につき、徴税上の便宜のため、所得に代えて収入金額その他これに準ずるものを課税標準として課されるもの（同項三）
⑤ 法人の特定の所得につき、①に掲げる税に代えて、法人の収入金額その他これに準ずるものを課税標準として課される税（同項四）

なお、外国法人に含まれないものもありますので（法令141③）、注意が必要です。

第2章　国際的な二重課税の排除関係

> **Q10　地方税の控除限度額の計算**
> 地方税の控除限度額の計算は、標準税率によるのでしょうか。それとも実際税率によるのでしょうか。

Ⓐ　どちらでもよいことになっています。原則として標準税率によることとされていますが、実際税率によって計算してもよいこととされています。どちらを採用するかは法人の任意であり、継続適用も要件とされていません。

> **Q11　国外所得間での損益通算の可否**
> 「国外所得」の割合を計算する場合において、ある国で欠損が生じ（例えば△30）、他の国で所得（50）が生じていた場合、国外所得金額はどのように計算するのでしょうか。

Ⓐ　通算後の金額は20となります。以下の理由によります。
① 国外所得の金額を計算する場合、所得の生じた国と欠損の生じた国がある場合には、それらを通算したものが国外所得の額となります（法令142③）。
② これは、国外所得のうち損失を生じた部分を所得国のそれと通算しないこととした場合には、その分だけ国外所得の金額が増加し、結果的に外国税額控除の限度額がその分だけ多くなってしまうためです。

> **Q12 外国税額控除の適用時期**
> 外国法人税額の外国税額控除の適用時期は、いつになるのですか。

Ⓐ 原則的にはその納付が確定した日を含む事業年度です（法基通16－3－5）。ただし、継続適用を要件として、その納付することが確定した外国法人税の額を費用として計上した日の属する事業年度とすることも認められています（同前後段）*46。

　　*46　この基準による場合であっても、法人が任意に適用年度を計算できるということではなく、費用計上時期は、納付をした日その他税務上認められる合理的な基準によるものでなければならないとされていますので注意してください。

みなし外国税額控除（タックス・スペアリング・クレジット）については、当該減免が具体的に確定した日を含む事業年度です。また、相手国の規制等により送金が停止されている場合において、法人が収益計上を見合わせているときは、収益計上時まで納付がなかったものとして取り扱われます（法基通16－3－7）。

第2章　国際的な二重課税の排除関係

> **Q13　みなし外国税額控除における「差額スペアリング方式」と「固定スペアリング方式」の差**
>
> みなし外国税額控除には、①「差額スペアリング方式」と②「固定スペアリング方式」の2つの類型があるようですが、両者は、どのような点で差があるのでしょうか。

Ⓐ　①の差額スペアリング方式は、タイ（同様の方式によっていたスペイン、マレーシアについてはすでに廃止）との条約で採用されている方式で、源泉地国の一般税率（例えば30％）と減免措置による税率又は租税条約の限度税率（例えば10％）との差額（20％）をタックス・スペアリングの対象とするやり方です。

これに対し、②の固定スペアリング方式とは、相手国の国内法上の規定の如何にかかわらず、租税条約上、常にある一定の税率（例えば25％）で源泉地国で課税されたとみなしたうえで、これと実際税率（例えば10％）との差額（15％）をタックス・スペアリングの対象とするものです。これによっている国としては、例えば、フィリピン、ブラジル等があります。

Q14　外国税額の一部についてのみ損金算入の可否

外国政府に納付した法人税等の額の一部についてのみ損金算入することはできるのでしょうか（いわゆる併用方式の適用）。

Ⓐ　外国法人税等については税額控除によらず損金算入方式によることも可能ですが、いずれかの方式によることが必要とされており、一部について税額控除方式を採用し、その他について損金算入方式（法法41）を採用するというやり方（いわゆる併用方式）は、原則として認められていません*47。

> *47　ただし、35％を超える高率で課された外国法人税（高率負担部分）のうち、控除対象外国法人税の額から除外された部分については、損金算入となります。

Q15　相手国で損金算入が認められている配当のわが国での取扱い

例えば、オーストラリアの優先配当等の支払配当などのように損金算入が認められているものについて、わが国で受取配当の益金不算入の対象にすることができるのでしょうか。

Ⓐ　従前の法制では「配当」について特段の定義がなされていなかったため、益金不算入とされていました。

しかし、このようなことを認めると課税の空白が生じてしまいます。そこで、BEPSでの議論等も踏まえたうえで、平成27年の改正でそれらについては益金算入にすることに改められました（平成27年4月1日以後に開始する事業年度から適用）。

◆◇第3章　租税条約◇◆

Q16　適格居住者

日米租税条約で濫用防止策として創設された「適格居住者」とは、具体的にどのような者をいうのでしょうか。

Ⓐ　日米租税条約でいう「適格居住者」とは、日米いずれか一方の国の居住者のうち、個人、国、一定の公開会社、一定の公益法人、一定の年金基金、所定の要件を満たす法人その他の団体及び権限ある当局の認定を受けた者をいうこととされています[48]。

* [48] ちなみに、平成16年に改正された新日米条約（22条）における特典享受制限条項の仕組みは次頁に掲げる図表7-3ような形のものとなっています。

●図表7-3　日米条約における特典享受制限条項の仕組み

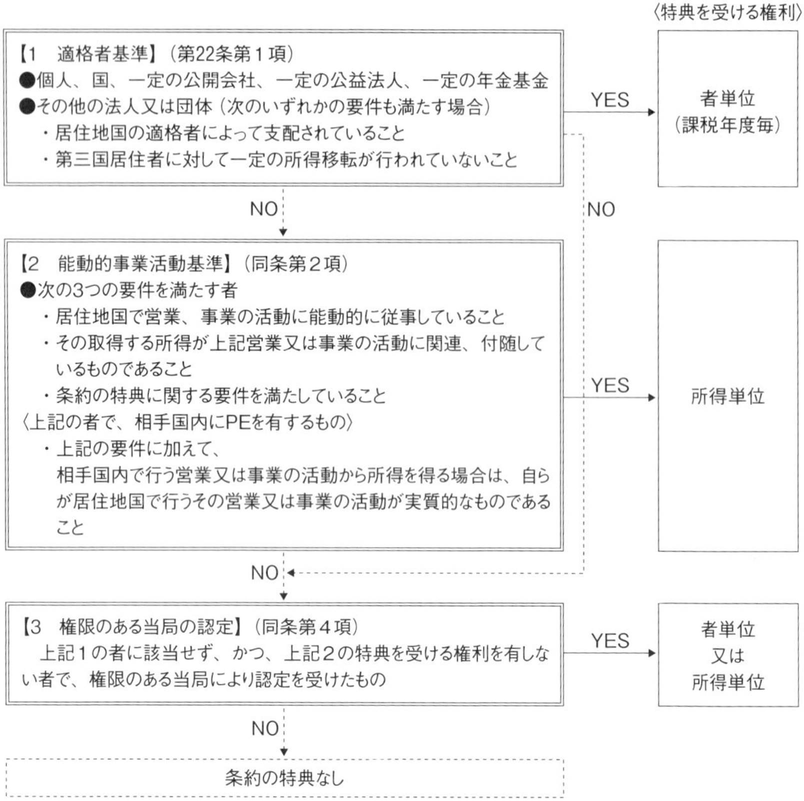

〈特典を受ける権利〉

【1　適格者基準】（第22条第1項）
●個人、国、一定の公開会社、一定の公益法人、一定の年金基金
●その他の法人又は団体（次のいずれかの要件も満たす場合）
・居住地国の適格者によって支配されていること
・第三国居住者に対して一定の所得移転が行われていないこと

→ YES → 者単位（課税年度毎）

↓ NO　　　　　　　　　　　　　　　　　↑ NO

【2　能動的事業活動基準】（同条第2項）
●次の3つの要件を満たす者
・居住地国で営業、事業の活動に能動的に従事していること
・その取得する所得が上記営業又は事業の活動に関連、付随しているものであること
・条約の特典に関する要件を満たしていること
〈上記の者で、相手国内にPEを有するもの〉
・上記の要件に加えて、
相手国内で行う営業又は事業の活動から所得を得る場合は、自らが居住地国で行うその営業又は事業の活動が実質的なものであること

→ YES → 所得単位

↓ NO ←------------------

【3　権限のある当局の認定】（同条第4項）
　上記1の者に該当せず、かつ、上記2の特典を受ける権利を有しない者で、権限のある当局により認定を受けたもの

→ YES → 者単位又は所得単位

↓ NO

条約の特典なし

（出典）税制調査会提出資料より一部修正のうえ抜粋

> **Q17 BEPSにおける濫用防止策**
> 租税条約の濫用行為に対しては、BEPS（税源浸食と利益移転）でも議論がなされているとのことですが、どのような対処等が考えられているのでしょうか。

Ⓐ 日米条約及び日英条約等で示された考え方（ただし日米ではLOB、日英ではPPT）と同じです。BEPSの行動計画６では、第三国の居住者による租税条約の不当な利用（いわゆる「条約漁さり（トリーティ・ショッピング）」）がみられるとして、その対応策が必要であるとしています。そのうえで、濫用防止のため、租税条約に目的規定を追加するとともに、次のいずれかを規定するよう求めています。

① 特典享受制限規定（LOB：Limitation On Benefit）と主要目的テスト（PPT：Principal Purpose Test）の双方
② PPTのみ
③ LOB及び導管取引防止規定

◆◇第4章　国際的租税回避の防止措置◇◆

> **Q18　最適法の選定における留意点**
> 独立企業間価格の算定方法は、「最も適切な方法」によるとのことですが、最適な選定にあたってはどのような点に留意すべきですか。

Ⓐ　「最も適切な方法」の選定にあたっては、同項に規定されているように当該国外関連取引の内容及び当該国外関連取引の当事者が果たす機能その他の事情を勘案することとされています。

具体的には、少なくとも次の諸要素を勘案することが必要とされています（措通66の4(2)-1、66の4(3)-3）。

① 　措通66の4(3)-3で規定されている事項

　㈲棚卸資産の種類、役務の内容等、㈹売手又は買手の果たす機能、㈨契約条件、㈥市場の状況、㈱売手又は買手の事業戦略

② 　さらにそれらに加え、独立企業間価格の算定における各方法の長所及び短所や当事者の果たす機能等に対する独立企業間価格の算定方法の適合性に必要な情報の入手可能性等についても勘案すべしとしています（措通66の4(2)-1）。

第4章 国際的租税回避の防止措置関係

> **Q19 現地で更正を受けた場合**
> 現地で課税を受けたこと等に伴い、それに従った対価の額で取引をしていればわが国で問題とされることはないのでしょうか。

Ⓐ そうはなりません（相互協議で合意した場合を除く）。

移転価格税制は、わが国の法令であることから、納税者は国外関連者との取引においてそこで規定される適正な対価の額で計算することが求められています（措法66の4①）。

したがって、相手国で移転価格課税を受けた場合であったとしても、それを理由にわが国で対価の額を変更し、その結果その価格がわが国の税法で規定する独立企業間価格に従っていなかった場合には更正の対象となります。

このような事態を解消するため設けられているのが、相互協議制度です。ちなみに、相互協議で合意が成立した場合に行われる対価の額の変更は、わが国においても正当な変更として認められます。

> **Q20　TNMM法及びPS法における共通費用の按分**
> 　独立企業間価格の算定方法としてTNMM法又は利益分割法を採用した場合、共通費用はどのようなやり方で按分すればよいのですか。

Ⓐ　合理的な要素に基づき、独立企業間価格の算定方法としてTNMM法又は利益分割法を適用する場合における、共通費用については、例えば売上原価、使用した資産の価額、従事した使用人の数等合理的と認められる要素の比に応じて按分することとされています(事務運営指針3－6)。

Q21　事前確認の有効期間

事前確認は一度確認を受ければずっと有効になるのでしょうか。

Ⓐ　事前確認の対象となる事業年度は、原則として3～5事業年度とされています（同指針5-7）。したがって、その期間経過後は更新の手続が必要となります（同指針5-20）。

なお、更新又は前提となる重要な事業上又は経済上の諸条件等について事情の変更が生じたことにより改定の申出がなされたときは、新規申請に準じ審査等が行われることになります（同指針5-20、22）。

Q22　事前確認に適合させるための申告調整

事前確認を得た法人が、事前確認の内容に適合した申告を行うために確定決算において調整を行うことはできるのでしょうか。

Ⓐ　事前確認を得た法人が、事前確認の内容に適合した申告を行うために確定決算において行う必要な調整は、移転価格税制上適正な取引として扱われています（同指針5-19(1)）。事前確認に係る価格の調整（いわゆる「補償調整」）を行う際、課税当局は次に掲げる区分に応じ、それぞれ次に掲げる処理を行うよう指導することとしています（同指針5-19(2)）。

① 確認法人は、確認事業年度に係る確定申告前に、確定決算が事前確認の内容に適合していないことにより、所得金額が過少となることが判明した場合には、申告調整により所得金額を修正する。

② 確認法人は、確認事業年度に係る確定申告後に、確定申告が事前確認の内容に適合していないことにより、所得金額が過少となっていたことが判明した場合には、速やかに修正申告書を提出する。

③ 確認法人は、確認事業年度に係る確定申告前に、確定決算が相互

協議の合意が成立した事前確認の内容に適合していないことにより、所得金額が過大となることが判明した場合には、補償調整に係る相互協議の合意内容に従い、申告調整により所得金額を修正することができる。

④ 確認法人は、確認事業年度に係る確定申告後に、確定申告が相互協議の合意が成立した事前確認の内容に適合していないことにより、所得金額が過大となっていたことが判明した場合には、補償調整に係る相互協議の合意内容に従い、国税通則法23条2項に基づき更正の請求を行うことができる。

> **Q23　中間に介在する子会社で合算課税された場合の調整**
>
> 当社は米国に子会社（A社）を有していますが、A社は軽課税国に子会社（B社、当社からいえば孫会社）を有しています。このような場合、B社の所得については米国で合算課税となりますので、当社は合算課税をしなくてもよいことになるのでしょうか。

Ⓐ　そうはなりません（米国と日本で二重に課税される）。外国子会社合算税制の対象は、外国関係会社のうち軽課税国に所在する会社です（措法40の4①、66の6①、68の90①）。

そして、合算課税の対象になるか否かは、当該子会社の株式等に対する内国法人等の持分割合のみによって決まってくることとされています。

したがって、中間に介在する会社が軽課税国以外にありその国で合算課税がなされていたとしてもわが国においてはB社の適用対象所得については合算課税の対象となり、二重に課税されることになります。

> **Q24 特定外国子会社等に欠損金がある場合の内国法人との損益通算可否**
>
> 　特定外国子会社等が欠損の場合、その欠損金を親会社である内国法人の所得と通算できるのでしょうか。また、複数の特定外国子会社等を有している場合、そのうちのいくつかに生じた欠損を他の特定外国子会社の所得と通算することはどうなるのでしょうか。

Ⓐ　いずれについても不可です。

　外国子会社合算税制（いわゆるタックス・ヘイブン対策税制）は、居住者又は内国法人が軽課税国にペーパー会社等を設立し、そこに利益を留保させることにより所得税又は法人税の負担軽減を図る行為を防止するために設けられた税制です。

　したがって、例えばそれらの子会社等に欠損が生じたとしても、それを居住者又は内国法人の所得と通算することは認められません（高松高裁、平成16年12月７日判決、訟務月報52巻２号667頁）。

　また、複数の子会社等がある場合において、それらのうちのいくつかに生じた欠損金を他の子会社等の所得と通算することも認められません（措通66の６-11）。

Q25　合算所得に係る二重課税の排除

内国法人の所得に合算される課税対象金額に対し現地国で課税されていた場合、外国税額控除の取扱いはどのようになるのでしょうか。

Ⓐ　控除対象外国法人税の額とみなされる金額を内国法人が納付したものとみなして外国税額控除の計算をすることになります。

ちなみに、控除対象外国法人税の額とみなされる金額は次の算式により計算することになります（措令39の18①）。

《算式》

特定外国子会社等の所得に課された外国法人税の額 × $\dfrac{\text{内国法人に係る課税対象金額}}{\text{課税事業年度に係る適用対象金額} + \text{適用対象金額の計算上控除される剰余金の配当等の額}}$

第4章　国際的租税回避の防止措置関係

> **Q26　特定課税対象金額の意義**
> 「特定課税対象金額」とはどのようなものをいうのでしょうか。また、その計算は具体的にどのように行うものなのでしょうか。

Ⓐ　特定課税対象金額とは、次の①、②の金額の合計額をいうこととされています（措法66の8③、措令39の19①・②）。

①特定外国子会社等に係る課税対象金額で、内国法人が当該特定外国子会社等から剰余金の配当等を受ける日を含む事業年度の所得の金額の計算上益金の額に算入されるもののうち、内国法人の有する当該特定外国子会社等の直接保有の株式等に対応する部分の金額として次の算式により計算した金額

《算式》

$$\text{特定外国子会社等に係る適用対象金額} \times \frac{\text{特定外国子会社等の適用対象金額に係る事業年度終了の時における内国法人の有する特定外国子会社等の請求権勘案直接保有株式等}}{\text{特定外国子会社等の適用対象金額に係る事業年度終了の時における発行済株式等}}$$

②特定外国子会社等に係る課税対象金額で、内国法人が当該特定外国子会社等から剰余金の配当等を受ける日を含む事業年度開始の日前10年以内に開始した各事業年度(以下「前10年以内の各事業年度」)の所得の金額の計算上益金の額に算入されたもののうち、内国法人の有する当該特定外国子会社等の直接保有の株式等に対応する部分の金額として次の算式により計算した金額の合計額(前10年以内の各事業年度において当該特定外国子会社等から受けた剰余金の配当等の額がある場合には、当該剰余金の配当等の額に相当する金額を控除した残額)

《算式》

$$\text{特定外国子会社等の各事業年度の適用対象金額} \times \frac{\text{特定外国子会社等の適用対象金額に係る各事業年度終了の時における内国法人の有する特定外国子会社等の請求権勘案直接保有株式等}}{\text{特定外国子会社等の適用対象金額に係る各事業年度終了の時における発行済株式等}}$$

第4章　国際的租税回避の防止措置関係

> **Q27　資産性所得の取扱い**
> 　平成22年の税制改正で、適用除外基準のすべてを満たしている場合であっても資産性所得（「特定所得」）については合算課税の対象に含められることになったとのことですが、上限や例外等は設けられていないのでしょうか。

Ⓐ　限定的に適用されます（所得税の種類限定、上限設定、デミニマス・ルールあり）。合算課税の対象となる資産性所得（「特定所得」）は、ポートフォリオ投資、及びロイヤリティ、航空機等のリースから生じた所得に限られています。

　また、合算課税額について、次のような上限が設けられています。
・資産性所得全体のネッティング（例えば、株式譲渡損とロイヤリティの損益通算可）。
・資産性所得＜当該特定外国子会社等の課税対象金額。

　さらに、資産性所得の合計額が当該特定外国子会社の税引前所得の5％以下又は資産性所得の収入金額が1,000万円以下の場合には課税しないこととされています。

> **Q28 適用除外を受けるための要件**
> 適用除外要件に該当していれば自動的に適用除外を受けられることになるのでしょうか。

Ⓐ 確定申告書への書面添付と帳簿書類の保存が必要です。

外国子会社合算税制の適用除外を受けるためには、確定申告書にその旨を記載した書面（別表十七㈡）を添付するとともに、適用除外の適用があることを明らかにする書類の保存が必要とされています（措法66の6⑦）。

これは、特定外国子会社等のオーナーが内国法人でなく個人（居住者）の場合にあっても同様です（措法40の4⑦）。

> **Q29 コーポレート・インバージョンが生じる場合**
> コーポレート・インバージョンとなる持株割合80％以上の「特定関係」が生じる場合とはどのような場合でしょうか。

Ⓐ 5人以下の株主グループに80％以上の株式が保有されている内国法人（いわゆる「特定内国法人」）が三角合併により消滅し、存続法人が軽課税国所在の外国法人（いわゆる「特殊関係内国法人」）によって支配される内国法人となる場合です。

具体的には、図表7－4のようなイメージになります。

第4章 国際的租税回避の防止措置関係

●図表7-4 特定関係（コーポレート・インバージョン）が生ずる場合の例
（三角合併）

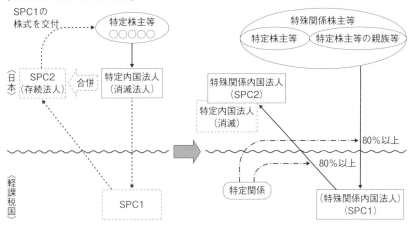

Q30 特殊関係株主等

コーポレート・インバージョン対策税制の対象となり合算課税を受けることとなる「特殊関係株主等」とはどのような者をいうのでしょうか。

(A) コーポレート・インバージョン対策税制により、合算課税を受けることとなる「特殊関係株主等」とは、5人以下の株主グループにより80％以上の株式を保有されている内国法人（「特定内国法人」）の株主である「特定株主等」に該当する者及びこれらの者と特殊の関係のある個人及び法人です（措法66の9の2①、措令39の20の2①・②）。具体的には、次の図表7－5で示された株主等です。

●図表7－5　特殊関係株主等^(注)の範囲

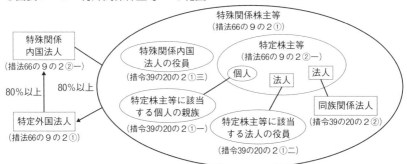

(注) 特殊関係株主等に該当すれば特定外国法人の持株割合の如何にかかわらず合算課税がなされます（措法66の9の2①）。その点で、通常の外国子会社合算税制と異なります。

第４章　国際的租税回避の防止措置関係

> **Q31　主要国における過少資本規制状況**
> 各国ではどのような制度が行われているのでしょうか。

Ⓐ　各国における過少資本の規制状況は次のようになっています。

■参考資料①　主要国における過少資本規制状況

国名	過少資本の定義 (関連者からの債務／ 自己資本)	規制の対象となる借入れ	備考
米　国	3：1	原則として当該法人の50％以上の株式を有する株主からの借入れ（借入保証も含まれることあり）	損金不算入利子は配当とみなされる
	1.5：1	アーニング・ストリッピング規制－163(j)（原則として50％超株主からの借入れ）	同左の関連者でその受取利子に対して米国の税が免除又は軽減されているもの 調整所得の50％超過部分につき支払側で損金不算入
カナダ	3：1	当該法人の25％以上の株式を有する株主からの借入れ	法人株式の25％以上所有の非居住者株主（国外関連者）からの借入れのみ規制対象
イギリス	2：1 (ただし、1：1程度の場合でも問題とされたケースあり)	75％以上株主からの借入れ	支払利子について配当とみなす
フランス	1.5：1	支配関係にある株主からの借入れ	非居住支配株主からの借入れのみ規制対象
ドイツ	総資産の10％	当局が借入れの諸条件を総合的に判断して決定	損金不算入利子は隠れたる配当として取り扱われる
スイス	6：1	原則として当該法人の50％以上の株式を有する株主からの借入れ	
オランダ	85：15	同上	資本参加所得免税の適用を受ける場合のみ
オーストラリア	3：1 (金融機関は6：1)	当該法人の15％以上の株式を有する株主からの借入れ	非居住株主のみ規制対象

205

◆◇第5章　その他の国際関連税制◇◆

> **Q32　外貨建資産等の期末換算方法**
> 外貨建資産について、期末時の換算方法を教えてください。

Ⓐ　次の一覧の方法による換算方法があります。

■参考資料②　外貨建資産等の期末換算方法一覧表

外貨建資産等の区分			換算方法
外貨建債権債務	短期外貨建債権債務（決済期限1年以内のもの）		発生時換算法又は期末時換算法（※）
	上記以外のもの（いわゆる長期）		発生時換算法（※）又は期末時換算法
外貨建有価証券	売買目的有価証券		期末時換算法
	売買目的外有価証券	償還期限及び償還金額の定めのあるもの	発生時換算法（※）又は期末時換算法
		上記以外のもの	発生時換算法
外貨預金	短期外貨預金		発生時換算法又は期末時換算法（※）
	上記以外のもの		発生時換算法（※）又は期末時換算法
外国通貨			期末時換算法

（注）換算方法の選定に関する届出がない場合には、（※）を付した方法により換算することになります（法令122の7）。

第5章　その他の国際関連税制関係

> **Q33　期末換算時の為替相場のイメージ**
> 期末時換算で特に留意すべきことは何ですか。

Ⓐ　期末換算時には、為替相場についても注意が必要です。そのイメージは次のようなものです。

●図表7-6　期末時換算の為替相場に関するイメージ図

区　分	原　則	特　例
資　産	事業年度終了の日における電信売買相場の仲値（いわゆるT.T.M.）（注）	事業年度終了の日の電信買相場（全ての資産について継続適用が条件）
負　債	同　上	事業年度終了の日の電信売相場（全ての負債について継続適用が条件）

（注）継続適用を条件として、事業年度終了の日における電信売買相場の仲値、電信買相場又は電信売相場は、事業年度終了の日を含む1月以内の一定期間におけるそれぞれの平均値によることも認められています（法基通13の2-1-2（注）1）

Q34 外貨建取引の発生から確定申告までのイメージ

外貨建取引の発生から確定申告までの流れを教えてください。

A フローチャートは次のようなものです。

■参考資料③　外貨建取引の発生から確定申告までの流れ

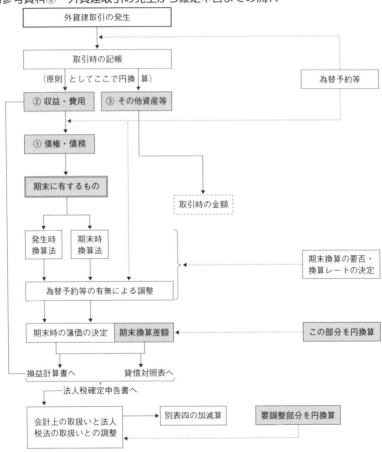

第5章 その他の国際関連税制関係

Q35 各事業年度に配分すべき予約差額の金額と配分すべき事業年度のイメージ

実務の上での処理方法などについて教えてください。

Ⓐ 次の図表をご参照ください。

●図表7－7　各事業年度に配分すべき予約差額の金額と配分すべき事業年度のイメージ

	直直差額	直先差額（注）
内容	取引発生時の直物為替相場による円貨額と予約時の直物為替相場による円貨額との差額	予約時の直物為替相場による円貨額と予約為替相場による円貨額との差額
処理	予約日の属する期の損益として処理する。	予約日の属する期から決算日の属する期までの期間にわたって、合理的な方法により配分し、各期の損益として処理する。 （注）直先差額のうち、翌期以降に配分される額は、貸借対照表上、資産の部又は負債の部に記載する。

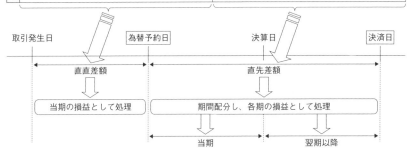

（注）直先差額が為替差益の場合の繰延額は、前受収益又は長期前受収益となる。
　　　直先差額が為替差損の場合の繰延額は、前払費用又は長期前払費用となる。

◆◇第6章　国際相続・贈与◇◆

Q36　海外勤務中に死亡した者に日本から支払われる死亡退職金

　海外勤務中に交通事故等で死亡した者に対し、日本から支払われる死亡退職金は税務上どのように扱われるのでしょうか。

Ⓐ　海外勤務中に死亡した者に支払われる死亡退職金については、居住者の場合と同じく所得税の対象にはなりませんが相続税が問題となります。死亡退職金の所在地は日本ですので（相法10①六）、わが国で相続税が課されることとなります。ちなみに、そこでは財産の所在地について、「退職手当金、功労金その他これらに準ずる給与については、当該給与を支払った者の住所又は本店若しくは主たる事務所の所在」と、規定されています。具体的には次のようなイメージです。

●図表7-8

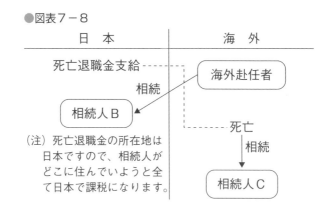

第6章　国際相続・贈与関係

Q37　相続税・贈与税における国際的二重課税の排除

居住無制限納税義務者及び非居住無制限納税義務者にあっては、国内所在財産のみでなく日本国外に所在する財産についても相続税や贈与税が課税されるとのことですが、そうなると結果的に国際的二重課税になってしまいます。相続税法では、国際的二重課税の排除はどのような形で行われているのでしょうか。

Ⓐ　居住無制限納税義務者及び非居住無制限納税義務者にあっては、相続又は贈与により取得した国内所在財産のみでなく国外所在財産についても課税対象とされています（相法1の3、1の4、2、2の2）。

そのため、国外財産について、相手国で相続税又は贈与税又はこれらに類する税が課された場合には、納税者は同じ財産について国内でも課税されるため、そのままでは国際的二重課税を被ってしまいます。

そこで、相続又は贈与により取得した財産のうち国外所有財産について当該財産の所在地国で相続税・贈与税又はこれらに相当する税が課されたときには、相続税額又は贈与税額から外国で課された税額相当分の税額控除を認めることにより、国際的二重課税を排除することとしています（相法20の2、21の8）。

Q38　みなし譲渡所得税に係る外国税額控除

例えばカナダでは、相続税に代えて死亡時に死亡者が所有していた財産をすべて相続人等に譲渡したものとみなして譲渡所得課税がなされているとのことですが、このような場合においても相続人がわが国の居住者だったら外国税額控除が認められるのでしょうか。

Ⓐ　相続税・贈与税において外国税額控除が認められるのは、国外所

在財産に対し、その所在地国で「相続税・贈与税又はこれらに相当する税」が課された場合に限られます（相法20の2、21の8）。

しかし、カナダで課される税はあくまで所得税であり税目が異なります。したがって、カナダで課された所得税を相続税・贈与税から控除することは認められないと思われます[*49]。

> [*49] 同様のことは個人である居住者が軽課税国に法人を有し、合算課税を受けた場合、外国で課されているのは法人税であることから、外国税額控除を受けられないというケースも生じてきます。

なお、米国でもわが国と同様の事態が生じていました。そこで米国では租税条約で解決が図られました。

Q39 国外財産の延納・物納

現在海外勤務中ですが、先般日本に居住している父親が亡くなり、財産を相続することになりました。

相続税を一度に払うことが困難ですので、延納又は物納を申請しようと考えています。相続した財産のなかに国外財産も含まれていますので、それらについても延納・物納の申請をしたいと考えていますが、可能でしょうか。

(A) 残念ですが、不可能です。

延納、物納可能財産は国内所在財産に限られていますので、注意が必要です。

＜著者プロフィール＞

川田　剛（かわだ・ごう）

【略　歴】

　大原大学院大学客員教授、税理士。

　昭和42年国税庁入庁後、国税局部長、国税庁課長等を歴任後、仙台国税局長。人事院在外研究員として南カリフォルニア大学行政大学院に留学、在サンフランシスコ日本国総領事館領事を経験。退官後、明治大学大学院グローバル・ビジネス研究科教授、日本公認会計士協会租税相談員（国際課税）等を歴任。

　国際課税に焦点があたり始めた1980年代よりその最前線に立ち、積極的に情報を発信してきたことから「国際課税の第一人者」として広く知られる。

【主　著】

　『国際課税の基礎知識』『Q＆A　海外勤務者に係る税務』（税務経理協会）『租税法入門』『基礎から身につく国税通則法』（大蔵財務協会）、『中国進出企業のための移転価格税制ハンドブック』（同文舘出版）、『Q＆Aタックス・ヘイブン対策税制のポイント』（財務詳報社）ほか著書多数。

税理士・会計士のための基礎からよくわかる国際課税

平成27年11月8日 第1刷発行

著　者　川田　剛
発行所　株式会社 **ぎょうせい**
〒136-8575　東京都江東区新木場1-18-11
電　話　編集　03-6892-6508
　　　　営業　03-6892-6666
フリーコール　0120-953-431

〈検印省略〉　　URL：http://gyosei.jp

印刷　ぎょうせいデジタル㈱　　　　©2015　Printed in Japan
※乱丁本・落丁本はお取り替えいたします。

ISBN 978-4-324-10051-6
(5108191-00-000)
〔略号：わかる国際課税〕